名师名校名校长

凝聚名师共识
回应名师关怀
打造名师品牌
培育名师群体

程红兵题

幼小衔接

探索活动案例

孟丽华　孙爱芝　王　水 ◎ 主编

中国出版集团　现代出版社

图书在版编目（CIP）数据

幼小衔接探索活动案例/孟丽华，孙爱芝，王水主编.—北京：现代出版社，2023.9

ISBN 978-7-5231-0481-1

Ⅰ.①幼… Ⅱ.①孟… ②孙… ③王… Ⅲ.①活动课程—学前教育—教案（教育）Ⅳ.①G613.7

中国国家版本馆CIP数据核字（2023）第151720号

幼小衔接探索活动案例

作　　者	孟丽华　孙爱芝　王　水	
责任编辑	窦艳秋	
出版发行	现代出版社	
地　　址	北京市安定门外安华里504号	
邮政编码	100011	
电　　话	010-64267325　64245264	
网　　址	www.1980xd.com	
印　　制	北京政采印刷服务有限公司	
开　　本	710mm×1000mm　1/16	
印　　张	13	
字　　数	157千字	
版　　次	2023年9月第1版　2023年9月第1次印刷	
书　　号	ISBN 978-7-5231-0481-1	
定　　价	68.00元	

编委会

目录

学于贵思

上篇

爱从名字开始

姓名是每个人的专属符号，但姓名不仅是符号，还是人们以血脉传承为根基的社会人文标识，更蕴含着家庭对子女的爱、期望与传承。对于即将进入小学的幼儿来说，姓名的教育是幼小衔接学习准备活动中必不可少的一部分。

· 探寻姓氏奥秘 ·

（一）活动缘起

到了大班上学期末，越来越多的幼儿期待自己在绘画表征上写上姓名，也经常和同伴讨论有关名字的事情。一天早上……

师：早上好，李×雅。

师：早上好，李×滢。

师：早上好，李×飞。

李×铮：李×雅，李×滢，李×飞，我叫李×铮，我们都姓李哎，好神奇。

李×雅：可是我们的名字不一样，为啥呢？

早上寻常的一次晨检，凑巧四位李姓宝贝同时来园，于是发生了一次热烈的讨论。循着幼儿的兴趣，我们开启了一次关于姓名的探索之旅……

（二）寻找

师：幼儿园的小花园里隐藏了46个宝贝的姓氏，有的姓氏被拆开了，看看宝贝们还能不能找到呢？

……

幼：咦？这里怎么会有一张带字的卡片呢？我认识它，这是"张"，跟我的姓氏一样。（如图1所示）

幼：这里也有一张卡片，上面是"孙"，孙×宸的"孙"。（如图2所示）

图1　找到"张"姓的幼儿　　图2　找到"孙"姓的幼儿

幼：老师，我也发现了一张带字的卡片。（如图3所示）

图3　找到带字卡片的幼儿

（越来越多的宝贝找到了带字的卡片，他们发现很多都是班里小朋友的姓氏。于是，寻找自己的姓氏大搜索开始了……）

幼：我的姓氏会在鸟窝里吗？（如图4所示）

幼：我的姓氏会在叶子堆里吗？（如图5所示）

幼：我得站高点，也可能在树枝上呢！（如图6所示）

图4　在鸟窝中　　　　　图5　在叶子堆里　　　　　图6　在树枝上
　　寻找的幼儿　　　　　　　寻找的幼儿　　　　　　　寻找的幼儿

幼：我扒拉扒拉树叶，会藏在里面吗？（如图7所示）

幼：我得钻进去看看，可不能漏下任何一个地方。（如图8所示）

图7　扒拉树叶寻找的幼儿　　　图8　钻进户外游戏器材中寻找的幼儿

幼：找到了，找到了！原来藏在草堆里、木板底下、沙子里、攀爬架上、走廊上……（如图9所示）

图9　在各处找到姓氏的幼儿

幼：我还发现了高老师的"高"！（如图10所示）

幼：分开的姓氏我们也找到啦！（如图11所示）

图10　找到"高"姓的幼儿　　　　图11　凑齐"张"姓的幼儿

幼：我找到了你的姓氏，给你，我的好朋友。（如图12所示）

图12　与朋友互换姓氏的幼儿

（三）相同姓氏一家亲

张×洋：我在找"张"的时候发现张×炘也在找"张"。

刘×诺：我发现我找的"刘"和刘×找的"刘"是相同的，我们的姓氏是相同的。

相同姓氏的幼儿凑在一起进行展示。（如图13所示）

图13　相同姓氏的幼儿

幼儿找到与自己姓氏一样的同伴，并将自己的发现记录在姓氏表上，不会画表格，就借用身边常用的晨检卡当工具。（如图14所示）

图14　记录自己发现的幼儿

最后进行统计，数一数我们班级什么姓氏的人最多？

同姓的幼儿站在一起，我们都是相同姓氏的一家人。（如图15所示）

图15　相同姓氏的幼儿与姓氏统计图合照

在寻找的过程中，幼儿有了初步的统计意识。原来我们班46个幼儿，有27个不同的姓氏呢！

图16是我们的姓氏统计图，有几个幼儿没有来上幼儿园，等他们来了再写上吧，这样我们的统计图就完整啦！

图16　我们的姓氏统计

亲爱的孩子们，一定要记住陪伴你一起长大的好朋友的名字哦，希望到了小学以后，你能认识更多的老师和伙伴！

·我独一无二的名字·

霍×艺：上了小学后，我们的书上、本子上都需要写上自己的名字。

张×雯：我们必须学会写自己的名字。

韦×良：我喜欢写自己的名字，妈妈教了我一遍我就会了。

贺×迪：我的名字有点难写，但是也难不倒我。

在幼儿看来，学会写自己的名字是一件有趣又重要的事情，于是关于写自己名字的快乐之旅开始了……

（一）当毛笔撞上名字

当书法这个民族传统文化与血缘关系的标志融合在一起时，便成了诗情画意。幼儿化身为小小书法家，写意着他们引以为傲的名字。（如图17所示）

图17 用毛笔写自己的名字

加点我们喜爱的水粉装饰,我们的名字更漂亮啦!（如图18所示）

图18 用水粉装饰名字

（二）名字里的奇思妙想

1. 我的名字是幅画

幼儿的小脑袋里总装着许多奇特的想法,他们用自己的奇思妙想对自己的名字进行了设计创作。（如图19所示）

图19 设计自己的名字

一双双巧手让名字变得生动有趣，加上爸爸妈妈对宝贝名字意义的解读，创意而又温暖的名字海报就出炉啦！（如图20所示）

图20 生动有趣的幼儿名字海报

2. 超轻黏土捏姓氏

幼儿用超轻黏土捏自己的姓氏。（如图21所示）

图21　用超轻黏土捏姓氏

3. 巧思妙想，快乐拼搭

幼儿用积木拼搭自己的姓氏。（如图22所示）

小小的名字，大大的作用。名字不仅能让我们快速找到自己的物品，还能方便其他人辨认，不易出错。到了小学后，会有更多的地方用到你的名字，更多的学习用品需要标记，所以小朋友们一定要学会写自己的名字哟！

图22　用积木搭姓氏

11

·藏在名字里的故事·

我们每个人的名字都不仅仅是一个符号，它往往承载着爸爸妈妈对我们的期待和祝福。幼儿通过调查都知道了自己名字的特殊意义，他们迫不及待地想要画出来。我们一起来看看幼儿名字背后的故事。（如图23所示）

危X扬：爸爸妈妈希望我能够明眸皓齿，扬帆远航。这个驾驶船的小女孩就是我。

张X嘉：妈妈希望我吉祥、有财、天天开心。我手里拿的就是金元宝，希望我以后有好多好多的钱。

于X琪：我出生的时候是惊蛰，小昆虫刚开始出来活动。

智X祥："智嘉"同"智家"，妈妈希望我以后能智家，事事吉祥如意。

图23　幼儿名字背后的故事

· 爱的传承从名字开始 ·

（一）绘制家谱

家谱是姓氏文化的载体，是宗族血脉的凭证。幼儿画了自己家独一无二的家谱（如图24所示），感受着家族文化的传承。

图24　幼儿画的家谱

（二）绘制家庭图

所有的爱都源自幼儿身后的家人，源自幼儿那个温馨的家庭，在幼儿的心中，一颗颗爱的种子在生根、发芽。

幼儿用不同的形状来描述家庭在自己心中的样子，我们能看到每个幼儿都有自己不同的想法。

1. 画一画

幼儿绘制家庭在自己心中的样子。（如图25所示）

图25　绘制家庭在自己心中的样子的幼儿

2. 说一说

幼儿介绍家庭在自己心中的样子。（如图26所示）

李X滢：我们家就像一朵小花，很漂亮，漂亮的妈妈在中间，守护着我们这个可爱的、温馨的家。

李X菲：我家的院子里有好多树，我觉得我们家也像一棵大树。爸爸在最前面保护我们。

张X炘：我的家就像小花一样，在好多绿叶子的周围，爸爸是花心，我们都围着爸爸。

唐X远：爸爸很厉害的，我把他画在了掌心的位置。而且他很喜欢坐在沙发上，这个手掌相当于我们家的客厅。

张X雯：我们家很有爱，就像一颗爱心一样，很温暖。

霍X艺：妈妈很厉害，所以她是我们家的船长，我要拿着救生圈救人，让奶奶、爷爷在船舱里休息。我们一家人驶向远方。

图26　家庭在自己心中的样子介绍

　　倾听幼儿介绍自己的作品中哪个是爸爸、哪个是妈妈、哪个是自己，了解幼儿对家庭的理解，感受他们心中满满的温暖。

教师有话说

　　姓名是一个人的标志，更蕴含着中国几千年独特的文化内涵。陶行知先生说："生活教育是以生活为中心之教育。"经过本次姓名探索之旅，幼儿了解了自己的姓氏以及名字背后的故事，体会到汉字文化的博大精深以及中华民族璀璨的文明，收获了饱含祝福的成长，宝贝们因此变得更加喜欢自己的名字，变得更加自信。特别是作为幼小衔接的一环，了解百家姓，为即将成为小学生的幼儿熟悉新同学、新老师助力，帮助其顺利完成过渡，同时为日后中华传统文化的学习奠定了良好的基础。

如何交到好朋友

进入大班已经近一个月的时间了，幼儿对大班生活逐渐适应，也开始讨论起距离自己越来越近的小学生活。

茂茂：我很喜欢幼儿园，也想去看看小学到底是什么样子的，可是去了小学就回不来了。

阳阳：我也是，我在幼儿园还没有待够呢！

冉冉：我有点担心，我怕去了小学见不到我最好的朋友。

飞飞：我也是担心我交不到好朋友。

越来越多的幼儿对"交不到朋友""怕孤单""见不到自己幼儿园的朋友"这类话题表现得特别关注且有些焦虑，于是我们开展了一系列有关交友的活动。

老师和幼儿一起讨论后，我们的"交友四部曲"诞生了……（如图1所示）

图1 交友四部曲

·介绍我的好朋友·

钰钰：我的好朋友是诺诺，她长得很漂亮。

琪琪：我的好朋友脸蛋圆圆的，眼睛大大的，我特别喜欢她。

宁远：睿睿是我的好朋友，他高高瘦瘦的，长得特别帅。

幼儿们在介绍之余，还尝试用笔画一画、用彩泥捏一捏自己好朋友的样子。（如图2所示）

图2　介绍我的好朋友

·为什么喜欢和他做朋友·

一说到"为什么喜欢和他做朋友"这个话题，幼儿们滔滔不绝，讨论不断。（如图3所示）

蜜桃：我喜欢和玥然做好朋友，因为她从来不和我吵架。

冉冉：我喜欢和雯雯做好朋友，她总是在我做手工的时候帮助我。

祥祥：我喜欢和筱飞做朋友，因为他跑步很快。

图3 为什么喜欢和他做朋友

通过讨论幼儿发现，被其他人喜欢并不难，幼儿们总结如下：

蜜桃：我觉得对小朋友友好，喜欢帮助别人，就会被其他人喜欢。

瑶瑶：我喜欢在我遇到困难时帮助我的小朋友，我也要做一个助人为乐的人，这样小朋友才会喜欢和我做朋友。

远远：我觉得能够被人喜欢，要有自己的优点，自己优秀了，别人就会喜欢你。

· 如何主动交朋友 ·

瑞瑞：我想和他做朋友，我会主动找他聊天，问问他："想和我做朋友吗？"

葡萄：我想交朋友，我会和他握握手、拥抱一下，用这样的方式告诉他，我很喜欢他，想和他做朋友。

祥祥：我会邀请他去我家里做客，然后我再去他家里做客，这样我们就变成朋友了。

幼儿们现场演绎了自己的交友方式。（如图4所示）

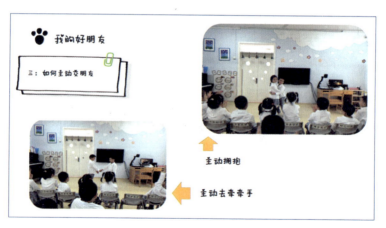

图4　如何主动交朋友

·如何维系友谊·

交朋友很简单，但是说到维系友谊，很多幼儿就犯了难，如何才能长久地和一个人做朋友呢？幼儿们再次展开了讨论。

茂茂：我很苦恼，我的朋友很多，但是很多都是在一起玩两天他们就有新的朋友了。

小艺：我和我最好的朋友分开了，他去了其他城市，我们就断了联系。

莹莹：暑假过后，我和我的好朋友也变得很陌生。

……

看来，幼儿们在维系友谊这件事情上确实有很多烦恼。

幼儿们经过小组讨论，通过绘画的形式表达了自己的想法。（如图5所示）

小米：如果放寒假或者暑假，长时间见不到面，我们可以经常打电话、视频联系。

月月：我们放学后可以相约在一起玩，这样会让我们的关系越来越好。

宏博：我们可以互相送礼物，每当我看到礼物就会想起我的好朋友。

图5 如何维系友谊

活动最后，幼儿们共同设计了交友主题墙，将"交友四部曲"呈现在墙面上。（如图6所示）

图6　交友主题墙

教师有话说

　　离开熟悉的幼儿园，离开熟悉的伙伴，是不少幼儿在上小学前最担心的事情，也是一些幼儿入学后不适应的原因之一。不管是成人还是幼儿，进入一个新环境，如果能交到好朋友，对他一定是一个莫大的安慰，也一定能够帮助他缓解内心的紧张与焦虑。所以，提升幼儿社会交往水平，培养幼儿交友能力是幼小衔接工作中重要的一部分。此次活动由幼儿讨论引发，老师们准确捕捉到幼儿的担忧与焦虑，支持并助推活动的发展。幼儿们通过讨论、动手操作、实际演绎等方式将自己的困惑和担心表达出来，并集思广益、合作解答。在"为什么喜欢和他做朋友"这一话题的讨论中，幼儿们的思考令我们惊喜万分，"自身有优点，就会吸引到其他人和我交朋友"，这不正是那句"我若芬芳，蝴蝶自来"的完美解释吗？

通过此次活动，幼儿们通过深度思考和讨论掌握了一些交友技巧，也一定能够为将来的小学生活甚至一生的人际关系的建立打下基础。

情绪，我来拥抱你

《幼儿园入学准备教育指导要点》在"身心准备"中指出，保持良好的情绪状态，具备一定的情绪调控能力，有助于幼儿积极适应小学新的环境和人际关系。通过一系列活动，引导幼儿认识情绪、发现情绪，保持良好的情绪状态，具备一定的情绪调控能力，学会与自己的情绪相处，做情绪的小主人。

一、活动缘起

在开展主题活动"独特的我"时，幼儿们为找到自己在"我的样子——五官方面"的独特性，提议每人从家中带一面小镜子来幼儿园，借助镜子对比、找出自己与别人的不同。这不仅帮助幼儿了解了自己的五官，还引发了幼儿对镜子的喜爱。

于是，幼儿们经常跑到区角争先恐后地照镜子。（如图1所示）

图1 照镜子

一日清晨，幼儿们展开了对话：

铭祥：哈哈，晨曦，你是在做鬼脸吗！快把镜子给我，我也做一个瞧瞧！

晨曦：不是鬼脸，这是我大笑的样子。

铭祥：是吗？那我做一个表情，看你能猜到是什么吗！

泽泽：我知道，你这是生气、愤怒的表情。

侬侬：真好玩，我也想玩……

通过幼儿们的对话，我们发现，部分幼儿对情绪有着浓厚的兴趣。为全面助力幼小衔接，帮幼儿们更好地迎接小学生活，作为老师，应该如何帮助他们认知情绪、表达情绪和管理情绪呢？带着这些问题，老师和幼儿们开启了一场有关情绪的探索之旅……

二、谈话讨论，认识情绪

教师：孩子们，你们知道什么是情绪吗？

小丁：情绪就是开心大笑。

悠悠：情绪是伤心，是哇哇大哭……

教师：那你们都感受过哪些不同的情绪呢？请你做一做吧！（如图2所示）

图2　做不同表情的幼儿

幼儿们对于情绪有不同的认识，认识到情绪包含不同的心情，而不同的心情也有不同的表征方式。比如在开心的时候，有人捧腹大笑，有人则是腼腆一笑……

三、绘本分享，感知情绪

情绪是一个看不见，摸不着的东西，怎样引导幼儿获得对自己情绪的认知，感受和理解自己和他人的情绪变化呢？

　　根据中班幼儿的年龄特点，教师通过绘本《脸，脸，各种各样的脸》《我的情绪小怪兽》引导幼儿体会情绪的简单分类，通过脸部表情去辨认几种基本情绪，并了解情绪的变化，将看不见的"情绪"转化成肉眼可见的视觉表情传递。（如图3所示）

图3　教师引导幼儿认知情绪

四、绘画创作，表达情绪

　　幼儿的身体小小的，但其拥有丰富的内心世界。其实，幼儿每天都会产生各种各样的情绪，然而对他们而言，"情绪"是一种可以深切感受却难于表达的心理活动。为了鼓励幼儿表达情绪，教师建议可以用美术创作的方式去表达自己。就这样，有的幼儿选择挥舞画笔（如图4所示），绘画成果（如图5所示），有的幼儿选择彩泥创作（如图6所示）。他们兴奋地用色彩和彩泥表达着自己丰富多彩的情绪，接下来，让我们一起走进幼儿的内心世界吧！

图4　挥舞画笔表达情绪

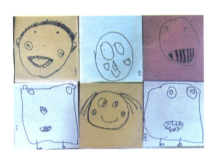

图5　表达情绪的画作

图6 彩泥创作表达情绪

幼儿们通过绘画与彩泥创作尽情地表达着自己的情绪，这将是他们认识自己的过程，也是尝试处理情绪的开端。（如图7所示）

图7 表达情绪的彩泥作品

五、积极面对，释放情绪

中班幼儿情绪不稳定，易冲动，他们会在开心时活蹦乱跳，也会在伤心时号啕大哭，可见幼儿的情绪管理尤为重要。为了让幼儿认识坏情绪产生的影响，做自己情绪管理的小主人，教师在假期发放了一份调查表"坏情绪有话说"。（如图8所示）一起来看看幼儿们怎么说……

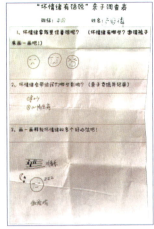

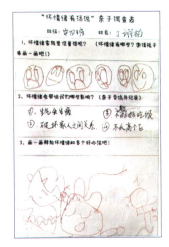

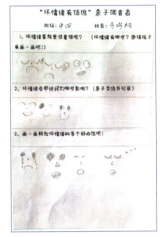

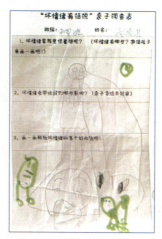

图8　"坏情绪有话说"亲子调查表

（一）生气

沁沁：小朋友弄坏我搭建的城堡，我会生气。

轩轩：哥哥总是抢我的东西，我很生气。（如图9所示）

图9　表达生气情绪的幼儿

（二）害怕

琪琪：晚上睡觉的时候，梦见怪兽会让我感觉很害怕。

茜茜：妈妈带我去看牙医时，我就感觉很害怕。（如图10所示）

图10　表达害怕情绪的幼儿

（三）伤心

婍婍：妈妈在陪弟弟，没人陪我玩，我觉得很伤心。

彤彤：我喜欢的芭比娃娃坏了，我感到很伤心。

妍妍：我的手工作品被小朋友弄坏了，我非常伤心。

在爸爸妈妈们的帮助下，幼儿们对坏情绪家族成员有了更多的认识，明白了坏情绪的影响，也找到了更多释放坏情绪的好办法。（如图11—图14所示）

图11　在"温馨小屋"与朋友诉说

图12　翻看喜欢的绘本故事　　　图13　玩玩彩泥也会变开心

图14　与同伴户外玩耍

　　希望幼儿在遇到情绪小怪兽时，能鼓励自己勇敢面对，用适当的方法整理和调节不良情绪。

六、日记记录，管理情绪

　　关于情绪的话题并没有结束，为鼓励幼儿勇敢表达，正确认识自己的情绪，教师为每位幼儿发放了一本"情绪日记手册"。幼儿利用每天离园前的时间，将自己每天的情绪记录下来，并与同伴讲述今天在幼儿园令自己印象深刻的感受。

　　幼儿们的画作主题丰富多彩，彰显了各种不同的情绪，但幼儿们表现最多的却都是那份内心的欢喜。如户外角色扮演"警察抓小偷"、光盘"小达人"、牵手钻山洞游戏、区角游戏等日记记录，无不珍藏着幼儿们内心深处的独家欢乐。（如图15—图20所示）

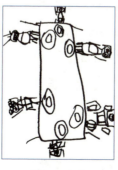

图15　户外角色扮演　　　图16　光盘　　　图17　牵手
　　"警察抓小偷"　　　　　"小达人"　　　钻山洞游戏

图18　区角游戏

图19　建构区欢乐多

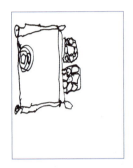

图20　做推餐车的
　　　值日生

　　每天的"情绪日记"就像是给予了幼儿合理表达、缓解自己不良情绪的安全空间，每篇"情绪日记"都充满了童真、童趣。在这里，幼儿们恣意释放、大胆倾诉着自己的内心世界。我们通过观察幼儿的绘画日记以及和他们进一步的沟通，发现大部分幼儿每天都可以保持乐观的情绪，拥有快乐的心情，在遇到不开心的事情时，也能接纳、控制和整理自己的不良情绪。

　　也许这对于幼儿升入小学来说是一个很好的开端。

　　活动未完待续……

　　活动"情绪，我来拥抱你"虽然暂告一个段落，但并没有结束，它依然会渗透在幼儿幼儿园生活的每一天。活动是由幼儿的兴趣引发的，而活动的内容都是幼儿们参与创造的。通过一系列的活动，幼儿们知道了情绪是我们表达自己，发现自己的重要方式之一，情绪无所谓好坏，它就像我们身体的一部分，时常伴随我们左右，时刻提醒着我们要勇于去感受自己的独一无二。在一系列的活动中，我们的幼儿通过认识情绪、分辨情绪、表达情绪，学会了与自己的情绪相处，在面对不良情绪的时候，也会通过一些好方法去缓解。相信幼儿在接下来的日子里，会尽情地去拥抱自己的情绪朋友，慢慢地学做情绪的小主人，不仅能在幼儿园开心、快乐地成长，甚至能在步入小学后更加自信、坚强、勇敢！

　　　　情绪是一种感觉，

　　　　情绪是一个表情，

情绪是一种颜色，

情绪是一场诉说，

情绪是一份能量，

……

在孩子们眼中

原来，情绪一点也不抽象

教师有话说

　　幼儿们在做表情的过程中，猜测出同伴们不同的情绪——生气、开心、害羞、害怕、难过等。在活动中，我们发现幼儿们对情绪有了一定的辨识能力，他们猜测的理由和他们的经历息息相关。除了高兴、开心这些积极情绪之外，也有幼儿喜欢生气和难过等情绪。（因为生气能够让自己看起来有力量，难过的时候让眼泪流出来就会开心了。）这其实也说明，情绪能够为幼儿的成长提供能量，不管哪一种情绪都有存在的价值和必要。

时间管理小达人

时间，意味着长大；

时间，标记着生活；

分配时间，我成了小主人；

把握时间，我又成长了一大步。

······

　　建立良好的时间观念，做事有条理、不拖沓，对于培养幼儿独立自主和自我管理能力具有重要意义。大班幼儿对时间更敏感，对利用时间进行自我约束和督促更积极、更主动，他们会因为提前来园完成签到而满足，会因为比同伴更快收拾好衣橱而欣喜，也会因为在自己计划好的时间点上完成相应的事情而骄傲自豪！这就是时间的力量，也是自主的魅力······今天的故事，就从我们的"时间管理小达人"练成记开始······

· 认识时间 ·

　　这天早上，幼儿们围在签到区热烈地讨论着什么，我走近一看，原来大家都在围观马×齐"画时间"······只见马×齐熟练地在自己的签到表上"写"着时间点和想说的话，还乐此不疲地教给小伙伴们时间该怎么记录。看得出来，大家都非常感兴趣，于是一场关于"时间"的大探秘开始了……

齐齐小百科式的头脑让他成了当之无愧的"小马老师"，给幼儿们介绍起钟表来（如图1所示），"你们看，这个最长、跑得最快的就是秒针，它跑一圈就是1分钟；第二长的是分针，它走一圈就是1小时；最短的也走得最慢的就是时针……"

图1　"小马老师"给幼儿们介绍钟表

刘×朔：我们家的钟表只有分针和时针呢。

张×如：那数字外圈的小格子表示什么意思啊？

马×齐：一个小格子表示1分钟，一个大格子表示1小时……

崔×卿：钟表太有意思啦，我要画一个不一样的表……

幼儿们纷纷响应：我也要做一个！

于是，说干就干，幼儿们开始绘制自己喜欢的钟表……（如图2、图3所示）

图2　绘制自己喜欢的钟表的幼儿　　图3　幼儿绘制的钟表

绘制钟表的过程，也是幼儿进一步认识时间、感受记录时间的过程，每个幼儿心中都有一个不一样的时空世界，在等待我们发现……

刘×宁：有一次我和爸爸妈妈去饭店吃饭，那里是用沙漏来标记时间的，如果沙子漏完之前还没上齐菜，就有打折优惠呢！

丁×乐：我家也有一个大沙漏，而且是紫色的沙子，特别漂亮呢！

第二天，幼儿们就兴致勃勃地把自己心爱的沙漏带到幼儿园分享了，而且大家商量分工，有看钟表计时的，有观察沙漏运行的。幼儿们特别好奇自己的沙漏到底能记录多长时间，哈哈！（如图4所示）

图4　幼儿观察沙漏

原来，记录时间的方式还有很多啊，我们和爸爸妈妈一起去找找吧！番茄钟、电子表、摇摆锤……哇，时空的世界还真是丰富呢！

·感知时间·

幼儿们每次的脑洞大开都会开启又一次的美妙探寻之旅……

这一天，桌面规则游戏结束的音乐响起后没一会儿，有的幼儿已经收拾完材料坐到了集中活动区，而有的幼儿还没有收拾完，正在焦急地忙活着。这时，那边传来了焦×政的抱怨声："为什么同样的时间，你们能收拾完，而我却收不完呢？"

马×霖：就5分钟的收区时间，你想做的事情太多啦，根本完成不了。

焦×政：那5分钟的时间到底有多长呢？

于是，感知时间的游戏开始了……

杨×琪：我们可以数数来感觉一下，数60下不就是1分钟吗？

张×颜：我记得上次咱们玩"巴塔木"音乐游戏时，老师说过那首乐曲就是5分钟，不如我们来跳一跳，感受一下吧！（如图5所示）

图5　玩"巴塔木"音乐游戏

这时，旁边实验小学的下课铃声响了，幼儿们纷纷来到窗户边，好奇地想看看小学的哥哥姐姐们在课间10分钟里会干什么……

师：课间10分钟，你们想做什么事情呢？我们最应该做哪些事情呢？

张×家：我觉得可以看几页书。

张×婧：我觉得可以上厕所，然后喝点水。

沙×贤：我觉得可以搭搭积木。

张×壬：搭积木太费时间了，10分钟根本做不了，我觉得只能做一些简单的事情。

于是，幼儿们将自己的"课间10分钟计划"画了下来。

不如我们来一个"情景模拟"吧！看看课间10分钟，大家的想法能否实现。于是第一轮实验开始啦！（如图6所示）

图6　情景模拟

实验过后，幼儿们纷纷说出了自己的感受，比较一致地认为课间10分钟总体来说应该做一些简单、不太费时间的事情，而且要为接下来的活动做准备，比如可以上厕所、洗手、喝水，或者跟老师、小伙伴聊聊天，谈谈刚才玩的游戏。

而且，幼儿们都不约而同地提到了一个关键的问题，就是"做事的顺序"。怎样才能充分地利用好这课间10分钟呢？最优的方案应该是分组去做，排队按顺序进行更快；交替去做这几件事，人多的地方可以先离开，先去人少的地方排队；专心做一件事，不乱说话，不耽误时间。这样大家都可以在10分钟内完成想做的事情了。

那1分钟能干什么，10分钟能干什么，30分钟又能干什么呢？经过讨论和实际体验，幼儿有了很多的感受和经验，让我们一起来看看大家的"时间记录表"吧！（如图7、图8所示）

图7　绘制"时间记录表"的幼儿

图8　幼儿绘制的时间记录表

王×霖：我觉得1分钟可以喝一杯水，10分钟可以看一本小书，30分钟可以到户外玩炭烧积木呢！

刘×含：我认为1分钟可以讲一个故事，10分钟可以上厕所、喝水，30分钟可以用万能工匠搭建一个摩天轮！

……

幼儿们在直接感知、亲身体验中，通过直觉行动、形象思维和身体感觉来真实地感受时间的长短和运行，对于他们更好地分配时间、运用时间并学会珍惜时间奠定良好基础。

· 分配时间 ·

在幼儿园的一天里，在不同的时间点上，我们会做哪些事情呢？幼儿们纷纷用自己喜欢的表征方式画下并介绍了"我的一日作息时间表"。（如图9所示）

图9　画并介绍"我的一日作息时间表"的幼儿

绘制"一日作息时间表"的过程，是计划，更是回顾。在独立思考和统筹规划中，幼儿对时间节点、自己的作息行动有了更清晰、更连贯的感知，对自我管理生活、学习过程的经验也有了进一步积累提升，自我效能感进一步增强——"我的生活我做主""我可以掌控我的时间""我可以知道自己在一定时间段里能完成哪些事情""和小伙伴比起来，我可以怎样改进一下方法，从而更快、更好地做一件事情，让自己更快乐"——幼儿遵守时间的意识更强，遵守规则的主动性更高，更乐意按照时间表来安排并督促自己的活动，而且会欣然和小伙伴分享自己有条理、有成就感的一日成长！

·家园联通·

回到家，幼儿兴奋地将在园的"时间计划"讲给了家人听，也主动和爸爸妈妈一起设计起"居家作息时间表"（如表1所示）来，好习惯从幼儿园延续到家庭中。

表1　我的居家作息时间表

大二班　　杨×淇

	时间	活动
上午	7：30—8：00	晨起整理床铺，听儿歌
	8：00—9：00	早餐
	9：00—10：00	阅读科普绘本
	10：00—11：00	吃水果，室内活动
	11：00—11：30	自主游戏
中午	12：00—2：30	午餐、午休（睡前阅读）
下午	3：00—4：00	绘画/手工
	4：00—4：30	加餐点、水果
	4：30—5：30	运动锻炼
	5：30—6：00	自主游戏
晚上	6：00—8：00	晚餐，家务劳动
	8：00—8：30	锻炼身体，家庭小游戏
	8：30—9：00	听故事，讲故事
周末	户外活动	户外游览等自主活动

自己的事情自己做，自己的时间自己规划，自己的任务自己监督完成——

有行动，就要有反馈，更要有激励，我们共同设计"时间管理评价表"，邀请爸爸妈妈一起参与"我的好习惯打卡"，给幼儿提出建议，帮助幼儿成为更好的"时间管理小达人"！（如图10所示）

图10 "时间管理小达人"

教师有话说

整个活动过程中，幼儿凭借对时间的好奇和自我掌控时间、掌控自己生活的渴望，从认识时间、感知时间、分配时间到运用时间、珍惜时间，在多种感官参与下，多种形式体验下，还有亲子陪伴激励中，不仅锻炼了认知思维能力、计划做事能力、时间管理能力，更是在整个自主探索的过程中更新了对自我的认知，感受到了自己的执行力、行动力和实现力，进一步增强了自尊、自信和自我认同，这些对于幼儿幼小衔接、入学准备都将产生非常深远的积极影响。

我是时间小主人

时间像溪水，匆匆从石缝间流过；

时间像微风，悄悄从耳边拂过；

时间像细沙，偷偷从指缝间溜走。

《幼儿园入学准备教育指导要点》中的"生活准备"提出：引导幼儿逐步树立时间观念。通过多种方式，引导幼儿在日常生活和游戏中感受时间，学会按时作息，养成守时、不拖沓的好习惯。

· 签到引发的时间认知 ·

升入大班，为了帮助幼儿建立时间观念，树立任务意识，我们开展了晨间签到活动。（如图1所示）初次签到，幼儿们根据来园的先后顺序排队签到。幼儿找到自己小组的表单，在表单里写上自己的名字以及入园的时间。

图1　晨间签到活动

随着时间的推移，幼儿对于签到有了新的认知：

师：什么是签到？

幼：签到就是写名字、写时间。

师：为什么签到？

幼：签到说明我来了。还能说明我没有迟到。

师：还可以怎样签到呢？

幼：可以自己设计签到表。

幼儿分组设计签到表。（如图2所示）

图2　分组设计签到表的幼儿

幼儿们设计的签到表横向为日期、纵向为学号。（如图3所示）

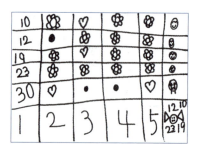

图3 幼儿设计的签到表（1）

幼儿统计每个时间段来的人数。（如图4所示）

图4 幼儿设计的统计表（2）

在设计签到表的过程中，幼儿们逐渐发现，签到表中有两个不可缺少的元素："我"和"时间"。"我"可以用姓名、学号、头像来代替，但是对于"时间"，幼儿好像有很多困惑。

· 时间大探索 ·

寻找时间：时间在哪里呢？幼儿们带着问题出发寻找，在许多地方找到了时间。（如图5所示）

图5　找到时间的幼儿

教师的思考：通过寻找时间，幼儿发现，在很多地方都能找到时间，只要用心观察，时间就在我们身边。

·认识时钟·

（一）多种多样的时钟

通过寻找时间，幼儿发现时间呈现的方式也是多种多样的。在观察时钟的过程中，幼儿有各种各样的疑问：

幼：钟表上的针是用来做什么的？

幼：为什么有的针长，有的针短？

幼：为什么有的针粗，有的针细呢？

教师的思考：关于钟表，幼儿们在观察的过程中发现了许多问题。"好奇、好问"是幼儿学习与发展所必需的宝贵品质。

在问题的引发下，在兴趣与求知的驱使下，我们开始了一场探索之旅。

在活动中，幼儿通过多种方式认识了钟表（如图6所示），了解钟表及其运行原理；初步探究了钟表上指针的指向意义，知道指针指向不同数字代表不同的时间；了解了整点和半点。活动中幼儿对时间的变化产生了浓厚的兴趣。

图6　认识钟表的幼儿

幼儿们用拨动指针的方式加深了对钟表的认知。（如图7所示）

图7　拨动指针的幼儿

（二）自制时钟

在不断探索中，幼儿们对钟表有了更进一步的了解，也发现了各种造型奇特的钟表。受此启发，幼儿们信心满满地设计钟表。（如图8、图9所示）

图8　自制时钟的幼儿

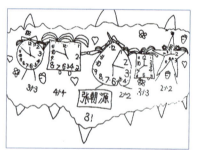

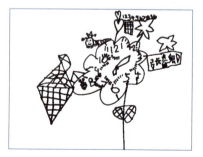
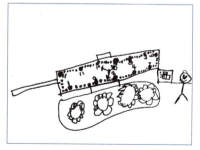

图9　幼儿设计的钟表

·时间与事件·

时间是人类用以描述物质运动过程或事件发生过程的一个参数。幼儿的一日生活与学习同样以时间进行划分和详细安排，进餐、户外运动、区域游戏、午睡、放学等都有明确的时间。对幼儿而言，学会看时间可以让他们更清晰地感知时间与我们一日生活的密切联系，更了解一日生活的组织与安排，形成规律作息，同时也能建立幼儿对幼儿园生活的秩序感与安全感！

（一）我在幼儿园的一天

幼儿在认识钟表的基础上，与幼儿园一日生活相结合，设计了属于自己的一日生活流程。（如图10所示）

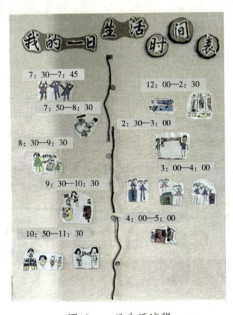

图10 一日生活流程

（二）时间区间

原来时间可以被划分为不同的区间。在时间区间里，我们可以做很多事情。（如图11所示）

图11　制作时间区间

午睡起床后的30分钟可以做哪些事情？（如图12所示）

图12　幼儿绘制午睡起床后的30分钟做的事

早晨入园的15分钟可以做哪些事情？（如图13所示）

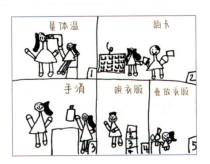

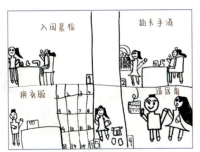

图13　幼儿绘制早晨入园的15分钟做的事

放学前的5分钟可以做哪些事情？（如图14所示）

图14　幼儿绘制放学前的5分钟做的事

幼儿在绘画的过程中，思索在时间区间内合理安排自己的生活。

（三）1分钟挑战赛

我们总说要珍惜每一分钟，那么1分钟到底有多长呢？1分钟可以做哪些事情呢？（如图15、图16所示）

图15 参加"1分钟挑战赛"的幼儿

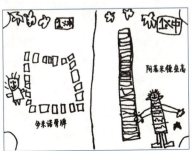 

图16 "1分钟挑战赛"的作品

在幼儿们进行了1分钟可以做哪些事的讨论后，我们拟定了以下活动：叠被子、叠衣服、搭积木、看一本绘本等。（如图17所示）

图17　体验1分钟的幼儿

经过了1分钟的挑战，幼儿们也有了自己的想法。1分钟虽短，但也可以做很多事。通过挑战1分钟和体验1分钟，使幼儿意识到时间虽短暂，但利用得好可以做很多有意义的事情，感受到了时间的宝贵，也更懂得珍惜时间。

·我的时间我做主·

突如其来的疫情，让我们的幼儿园生活按下了"暂停键"，在这特殊的停课期间，幼儿对于时间的认识和管理却未停止。我们通过小程序"家园联系"栏发起亲子活动，在认识和体验了时间的基础上，幼儿尝试制定作息计划，进一步学习时间管理。做计划的过程对幼儿们来说是一种宝贵的体验，不仅可以帮助他们了解时间的先后顺序，还可以调动其运用已有的经验去合理规划、自主落实计划中的事情。

郭×希小朋友设计的小公主表盘（如图18，图19所示），源源小朋友自制小花钟表（如图20所示）。

图18　设计钟表的　　　图19　小公主表盘　　　图20　源源小朋友自制
　　　郭×希小朋友　　　　　　　　　　　　　　　　　小花钟表

教师有话说

（一）追随幼儿兴趣，积极生发课程

"时间"这条线索是在大班幼小衔接的主题中，基于幼儿的兴趣需要而生发出来的。兴趣是幼儿最好的老师，教学中应该以幼儿为主体，多走近幼儿、倾听幼儿，努力抓住每一次的教育契机，创生更多幼儿感兴趣的课程。

（二）重视自主能力，发挥潜在价值

在本次活动中，我们先是从幼儿提出的问题出发，尝试鼓励幼儿自主寻找答案。在寻找答案的过程中，幼儿掌握了相关知识，收获了别样的惊喜。由此可见，幼儿自身隐藏着不容忽视的潜在价值。

（三）亲身感知体验，化抽象为具象

对幼儿来说，"时间"是比较抽象化的概念，通过一系列的感知活动和体验活动，幼儿能在探索时间的过程中不断了解时间、认识时间、规划时间……

幼儿即将升入小学，以"时间"为主题的课程探索，增强了幼儿的时间观念，提高了幼儿做事的计划性和效率，使他们为即将成为一名小学生做好充分的准备。

专注倾听，自信表达

——"五号蛋糕店"的由来

幼小衔接第一次儿童会议在德城区区直机关幼儿园举行，我们遇到了新的幼儿园、新的班级、新的问题。

一、活动缘起

9月，我们搬到了新的幼儿园，活动室更加宽敞明亮了，幼儿们惊喜连连，和教师一起进行班级游戏区域的初步划分。当大家发现以前最受欢迎的角色区被"遗忘"之后，我们的故事就开始啦！

洋洋：这下怎么办？没有角色区可以玩了。

嘟嘟：我就是喜欢玩建构区和角色区，建构区人太多了。

······

幼儿们表达了他们对自主游戏的渴望和担忧。（如图1所示）

教师：遇到问题了？没关系，我们想一想可以怎么解决这个问题。

博博：要不咱们一起商量一下？

教师：那就开个会讨论讨论吧，

图1 幼儿表达对自主游戏的渴望与担忧

63

看看其他小朋友是怎么样想的，怎么样？

洋洋：好啊好啊！

于是，第一次儿童会议诞生了！

主要解决的问题是：可以在我们的新教室创建一个怎样的角色区呢？

二、活动过程：我们开会啦

时间：2022年9月14日

地点：大（5）班活动室

主持人：迪迪老师

记录人：森森

应到：42人

实到：36人

（一）我们有话说

晴晴：我很喜欢看电影，我想在班里开一个电影院，跟小朋友一起看电影。

轩轩：开个汉堡店吧！

洋洋：我喜欢吃米线，开个米线店。

涵涵：我想开一个照相馆，给小朋友们拍照。

小義：开一个冰激凌店！

小熊：这么多，到底玩什么呀？（如图2所示）

图2 幼儿商量在角色区玩什么

（二）投票

根据幼儿意愿，我们选取了几位小代表，详细为大家介绍他们的想法，为自己"拉票"……经过激烈的交流和拉票环节，幼儿们的第一轮投票开始啦！（如图3所示）

图3　第一轮投票

投票结束后，我们进入了略为紧张的唱票环节。（如图4所示）

图4　唱票环节

经过"民主票选"，蛋糕店以一票之优势，脱颖而出……（如表1所示）

表1　唱票结果

蛋糕店	※※※※※※※※
电影院	※※※※※※※
汉堡店	※※※※※
米线店	※※
照相馆	※※※※
冰激凌店	※※※※※※

（三）起名字

雅雅：那我们给蛋糕店起个什么名字呢？

嘟嘟：我们是大五班，要不叫大五班蛋糕店，特别好记。

宝宝：我喜欢叫五号蛋糕店，幼儿园旁边有一个七号蛋糕店，我们是大五班，就是五号！

是"大五班蛋糕店"还是"五号蛋糕店"呢？大家各执己见，纷纷表示想继续投票，于是，第二轮投票开始啦！（如图5所示）

图5 第二轮投票

又经过激烈紧张的拉票、投票环节，最终，"大五班蛋糕店"15票，"五号蛋糕店"21票。

快来看森森小记录员的票数记录！（如图6所示）

图6 票数记录

在幼儿们的一片赞同声中，我们最终决定要在角色区"建造"一个"五号蛋糕店"。

会议到此告一段落啦！"五号蛋糕店"成功入驻大五班角色区，相信这里一定会有许多精彩的故事。

三、活动意图

（1）给予幼儿倾诉问题的空间，促进幼儿思考。

（2）解决问题，开展创造性的协作活动。

（3）用一日生活中幼儿之间产生的问题，促进幼儿集体观念的培养，支持幼儿社会性和情感的发展。

四、活动要点

（一）时间

对于大班的幼儿来说，如果参与性好，时间不宜超过20分钟。

（二）参与方式

鼓励、引导幼儿积极主动参与儿童会议。与同龄人相比，有些幼儿需要更长的时间才能适应在集体环境中从容不迫地说话和聆听，在幼儿做好准备加入集体活动之前，教师应当允许并尊重他们是否愿意加入会议。

（三）专注聆听

教师要专心致志地聆听幼儿的表述，让幼儿自在地分享，并对他们的评论进行小结。

（四）积极配合

儿童会议开始的时候让幼儿按照自己的节奏参与进来，结束的时候用固定的形式带着谢幕的感觉结束活动，这样让幼儿感觉并非老师在支配这件事情，参与感更好。

（五）教师的提问

教师的提问要有助于启发幼儿思考，要和他们正在经历的事情有关联性。也可以进行头脑风暴，探讨一些即将开展的班集体活动或即将发生的事情。如："××节日怎样庆祝""周末远足攻略"等。

教师有话说

《3—6岁儿童学习与发展指南》中的"社会"领域一开始就指出：人际交往和社会适应是幼儿社会学习的主要内容，也是其社会性发展的基本途径。《幼儿园入学准备教育指导要点》中的"社会准备"也指出：鼓励幼儿认真倾听同伴的想法和建议，当意见不一致时说明理由，学习协商解决问题，达成一致。

儿童会议不是走流程，是让教师用敏锐的双眼及时捕捉幼儿的兴趣点，以及对随机事件进行的一种多人讨论形式，能够最大限度激发幼儿自觉思考和解决问题的能力。

一位哲人说过："谁拥有了自信，谁就成功了一半。"幼儿期是个性品质可塑性较强的时期，从小培养幼儿自信，对其一生都有积极的影响。幼儿时期是自我意识形成和发展的最初阶段，而自我意识正是自尊和自信等重要的心理品质形成的基础。对于即将进入小学的大班幼儿来说，非常需要能够正确地认识自我，从而自信地去迎接以学习为主要活动的人生新阶段。

借助儿童会议这一视角，让幼儿在尊重的环境中看到自己，表达心声，在内心种下一颗爱自己的小种子，让其坚定地感受到自我的独特、自我的重要和自我的力量，更加自信勇敢地成长！

真正的学习在解决真实问题中

何为"幼儿的学习"？那一定是幼儿在自己发现的问题上，有解决问题的愿望，并自己思考，摸索各种方法，去实现自己的目的……在这个过程中，幼儿自主调动认知，启发逻辑思维，迸发好奇兴趣，学会了探究方法，在克服困难、一步一步解决问题的过程中锻炼了观察分析、质疑尝试、合作协商、意志坚持和批判决断等各种能力，这就是真问题带来的真学习！

于是，今天的学习故事就从"美工橱"开始了……

一、活动缘起

一天，欣颜在几个美工橱前来回走了好几次，嘴里念念有词："小贝壳哪里去了？"原来她在寻找用来彩绘的小贝壳。一会儿又有几个幼儿过来找材料，找了好久感觉还是无从下手。于是有点杂乱的美工橱引发了幼儿们的困惑和思考……

琪琪：这毛毛球可真难找，不知道上次放到哪个格子里了。

峻峻：对呀，有时颜料瓶放在格子后面，前面的东西就把它们挡住了，很难找。

朔朔：有时我一拿卡纸，下面的东西就都掉出来了。

昕昕：对啊，要不我们一起来整理一下美工橱吧，把它整理得找东西好找一点。

颜颜：可是这么多材料我们要怎么整理呢？

幼儿们的讨论又开始了……（如图1所示）

图1 讨论的幼儿

二、活动过程

（一）来一场"断舍离"

言言：我觉得有些东西需要扔掉……

涵涵：对，我也觉得好多材料我们平时也不喜欢用，老占地方了。

宁宁：有些水彩笔都没有水了，早就该扔掉了。

齐齐：要不我们来选一选，投票吧，大家都觉得不要的东西就可以扔掉了。

政政：这是个好办法！

于是幼儿们开始寻找清理的目标……（如图2所示）

图2 幼儿专注搜寻研判中

投票进行中，一场关于"断舍离"的体验开始了……（如图3所示）

图3　投票进行中

最终，幼儿们经过反复讨论和多轮投票，终于选出了需要被移出美工橱的东西。（如图4所示）

图4　被移出美工橱的东西

体验"断舍离"，让幼儿自主决定材料的去留，不仅能让幼儿学会独立思考和自我决断，更可以培养他们初步的节约意识，并树立自尊、自信的良好个性品质。

（二）初次尝试有问题

于是，整理开始了，几个积极踊跃的幼儿先上场了……可是忙活了好一番，还是不见起色呢，区域橱上的东西好像更乱了。（如图5所示）

图5　整理区域橱的幼儿

贤贤：这些画笔放在一个格子里就好找了，可是用什么装呢？

讯讯：这些小盒子放哪里合适呢？感觉还是不好找……

淇淇：我们整理好了，为什么还是有小朋友找不到自己想要的材料呢？

霖霖：怎样整理才能让大家一看就知道材料放在哪里了呢？整理有妙招吗？

（三）整理妙招哪里找

家家：图书里有整理的好方法吗？我们去找找吧！（如图6所示）

图6　看书找整理的方法

壬壬：幼儿园四楼有好多玩具架好像很整齐哦，我们去看看有什么好方法可以借鉴吧！

坤坤：原来把一样大小的东西放在一起，就会很节省空间呦！把同样颜色的垫子折成同样的形状放在一起，就会很整齐呢，而且很方便拿。（如图7所示）

图7　借鉴整理方法

　　朔朔：小车也是一辆挨着一辆，整齐摆放的。

　　如如：把小车调整一下位置和方向，侧着放架子上，能放下很多，而且还好取下来。

　　乐乐：把这种梯子木板长的摆在一起，短的摆在一起；先放长的，再放短的，就很方便取放。（如图8所示）

图8　摆放整齐的小车与梯子木板

　　幼儿们在图书里和生活里发现了很多整理的小妙招呢！

（四）整理计划开始啦

　　有了方法，我们就来做一下整理计划吧！想好再行动，才能更有效！（如图9所示）

图9 幼儿们纷纷画下了整理的方法和步骤

我们一起来总结一下"到底该如何更好地整理美工橱"吧！（如图10所示）

图10 幼儿总结如何整理美工橱

　　我们首先要把材料分类，规划好每个格子里要放什么，每个橱子尽量要放同类的美工材料，这样好找。

　　零碎的小东西，如小石头、毛线球等可以先放到小盒子里，再把小盒子放进橱子，这样便于收纳。

　　这些小围裙、小罩衣，每件都叠整齐放进一个大盒子里，既好看也方便收拾。

　　同样大小、同样质地的纸要放在一起，这样不容易乱，而且废纸要及时扔掉。

　　像小剪刀、胶水、胶棒这样的工具应该收起来一些，太多用不了，而且也占地方。

　　勾线笔应该换个收纳盒，现在的这个小筐子不适合放笔……

（五）胸有成竹再尝试

　　幼儿梳理好整理计划，胸有成竹地再次投入"战斗"！（如图11所示）

图11　再次整理美工橱

　　我们还应该把每个格子都贴上标签，这样就更容易看出格子里放什么东西了。（如图12所示）

图12 给美工橱贴标签

生活即学习，整理的问题来源于生活，而解决问题的答案亦在生活中。幼儿通过绘本以及在生活中自主发现了整理的好办法：分类摆放、整整齐齐、拿取方便。这样不仅看起来整洁美观，取放物品的时候还一目了然、更加方便，幼儿探究问题的能力也得到了进一步的提高。

（六）整理成果欣赏

来看看我们的整理成果吧！（如图13所示）

图13　幼儿整理美工橱的成果

最终，幼儿们把自己整理的好方法画了下来，制成了"整理手册"（如图14所示），在很多地方都可以用到哦！

图14　整理手册封面

《幼儿园入学准备教育指导要点》指出：幼儿要能坚持自己的事情自己做，能分类整理和保管好自己的物品。从寻找"小贝壳"和其他材料的过程中，幼儿发现美工橱很杂乱，并由此萌发了整理美工橱的愿望。在幼儿园一日课程中，幼儿遇到的每个问题都有非凡的教育意义和价值，对于大班的幼儿来说尤为如此。"学会整理"的意义在哪儿？我想答案就藏在幼儿探索行动的过程中……

教师有话说

　　幼儿的学习在这场酣畅淋漓的整理之旅中悄然生发……课程即"问题探究"，就是从幼儿身边"真而小"的问题而来！学习能力也在这场"拯救美工橱的战斗"中得到了很好的锻炼和提升。

　　通过整理，幼儿周围的环境也发生了很大改变，在幼儿园和家里，幼儿更乐于将物品按一定的方法收纳摆放……叶圣陶先生说："教育，就是习惯的培养。"整理活动来源于幼儿真实的生活体验和困惑，幼儿在自主探究的过程中更是体验、培养了良好的生活方式和行为习惯，责任心、自信心、独立性也在增强……

　　《幼儿园入学准备教育指导要点》指出：能坚持做完一件事，遇到困难不放弃；乐于独立思考并敢于表达；做事有一定的计划性。幼儿通过实践和思考，把自己发现的整理小妙招制成"整理手册"——通过学会自我表征，懂得在遇到问题时大胆尝试，找到解决问题的办法，从而培养做事的计划性、目的性，助力幼儿形成良好的学习品质，为其幼小衔接、入学准备奠定良好的基础！

探秘小学之课间十分钟的小美好

岁月流淌，毕业在即，

夏天是离别的季节；

时光如水，小学在望，

夏天是憧憬的时节。

当离园倒计时的钟声敲响，

大班的小朋友，

你们准备好了吗？

· 毕业倒计时 ·

诺诺：妈妈说我们现在进入了幼儿园毕业倒计时。

源源：是的，毕业就是要和小朋友、老师分开了，要离开幼儿园了。

钰钰：毕业就是我们长大了，要去小学继续学习。

蜜桃：倒计时就证明我们上小学的时间越来越近了。

菲菲：那离我们毕业到底还有多少天呢？

诺诺：老师说一张日历代表一天。

小米：1天、2天、3天……距离我们离开幼儿园原来只剩48天了。（如图1所示）

图1 幼儿翻看日历

师生一起制作了一个毕业倒计时牌。（如图2所示）倒计时不只意味着幼儿和幼儿园再见，还有幼儿即将成为小学生的喜悦与期待。

图2 毕业倒计时牌

· 小学初印象 ·

熙熙：我想知道小学漂不漂亮，老师长什么样子。

扬扬：小学早上要几点到学校呢？一节课是多长时间？

炘炘：上课能不能上厕所？我们要学几门课程呢？

瑞瑞：上小学能不能带零食和玩具呢？

通过调查发现，幼儿们对小学生活充满了好奇，当然还有些许担忧。

淇淇小朋友的妈妈是一位小学老师，她通过视频较为全面地向幼儿们展示了小学生活，满足了幼儿们的好奇，缓解了他们的忧虑。当然，也留足了畅想的空间。随着活动的开展，幼儿对小学的"课间十分钟"这个环节非常感兴趣，我们针对"课间十分钟"展开了探秘活动。

·探秘课间十分钟·

（一）什么是课间十分钟

果果：十分钟就是十个六十秒！

月月：就是两节课之间的休息时间。

岳岳：我觉得十分钟很短的，都不够做游戏的。

小泽：课间十分钟很宝贵的，要想办法做更多的事。（如图3所示）

图3　幼儿讨论什么是课间十分钟

（二）课间十分钟可以做什么

洋洋：我觉得可以整理课桌和准备下一节课要用的东西。

涵涵：我们可以运动运动，去操场跑两圈！

远远：我觉得应该先去喝水、上厕所。

师：那小朋友们把自己的想法画出来吧！

生：好耶！（如图4所示）

图4　幼儿绘制课间十分钟可以做什么

（三）采访小学生

课间十分钟到底可以做些什么事情呢？幼儿采访了自己在小学里的哥哥姐姐，一起听一听他们是怎么说的：

玥然姐姐：可以利用课间十分钟休息的时间来预习下一节课的内容，或者复习学过的内容。

宏博哥哥：课间十分钟你可以出去运动，锻炼身体，这样你就能和我一样

高了，但是，不要忘记先去上厕所、喝水哟！

祥祥姐姐：课间十分钟你要先把下节课用的书和文具拿出来放好，然后再出去玩。

（四）体验课间十分钟

丁零零……美好的课间体验进行时。（如图5所示）

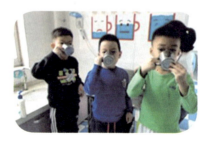

图5　体验课间十分钟的幼儿

体验完了课间十分钟后，幼儿第一时间和老师分享了自己的心情和感受。

艺艺：我觉得十分钟的时间不长，看会儿书时间就到了！

贤贤：我觉得我还是应该先去上厕所，然后再做别的事情，不然等到想去上厕所的时候都上课了！

诺诺：我觉得可以和好朋友一起去户外活动一下，呼吸呼吸新鲜空气。

牛牛：要提前一分钟进教室，要不然太匆忙啦！

（五）课间十分钟的最优安排

有了之前体验的经验，幼儿们对自己的课间十分钟有了新的认识，也有了新的安排。大家彼此分享，交换自己的安排，一起讨论适合自己的课间十分钟的最优安排。（如图6所示）

图6 幼儿讨论课间十分钟的最优安排

冉冉：上厕所的时间有点短，这次要把上厕所的时间留长一点。（如图7所示）

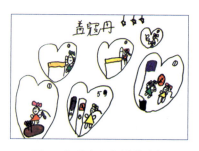

图7 合理分配上厕所时间

志志：我要先整理好书本，这样下节课就不会着急了。玩游戏的时间要短一点，这样才不会迟到。（如图8所示）

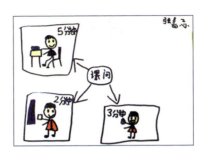

图8　缩短游戏时间

关于课间十分钟，最优的安排是什么？相信幼儿上了小学会找到属于自己的最优安排，按自己的节奏去适应小学的生活！（如图9所示）

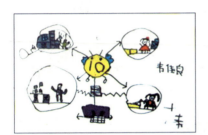

图9　幼儿合理安排课间十分钟

·写给成为小学生的自己的一封信·

幼儿给成为小学生的自己写一封信，并写好对自己的祝愿。（如图10所示）

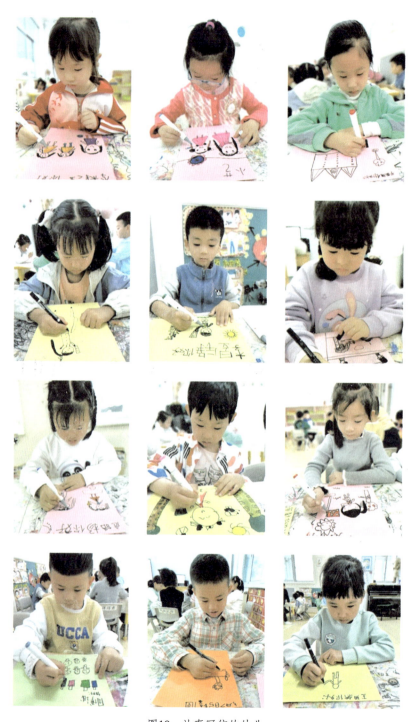

图10 认真写信的幼儿

幼儿将信件折好，放入信封，贴好邮票。（如图11、图12所示）

图11　折好信件，放入信封　　　　图12　粘贴上邮票

教师有话说

　　亲爱的孩子们，老师会把你们的信视为珍宝，帮你们保管，9月升入小学时，这封信会由邮递员叔叔送到你们的手中。希望不久的将来，你们再次拆开信件，仍能回忆起幼儿园的点点滴滴和此刻对自己即将成为一名小学生的期待与祝福。

会说是练出来的

——"挑战小主播"活动

从幼儿园到小学，不是翻山越岭，不是跳跃大沟深壑，也不是进入天壤之别的生活，而是童年生活的一种自然延伸和过渡。

——虞永平教授

《3—6岁儿童学习与发展指南》指出：语言是交流和思维的工具。幼儿期是语言发展，特别是口语发展的重要时期。良好的语言表达能力，是助力幼小衔接的关键。幼小衔接，大四班在行动，快来看看吧！

一、导入环节：追忆中班

《幼儿园教育指导纲要（试行）》在语言领域中强调："发展幼儿语言的关键是创设一个能使他们想说、敢说、喜欢说、有机会说并能得到积极应答的环境。"大班教学活动的第一个主题为"我在幼儿园的最后一年"，追忆中班，幼儿对"我来报食谱"活动记忆犹新（如图1所示）。自信、声情并茂的表达，使得幼儿获得极大的成就感，也为大班的各项活动奠定了基础。

图1 我来报食谱

二、活动缘起

（一）机缘

一次班级自主游戏时，爱跳舞的几个小男生开始沉浸式表演（如图2所示），优美的舞姿吸引来一大批"观众"，紧接着，越来越多的"演员"想加入这个"舞台"，可自主游戏时间到了。幼儿们意犹未尽，于是我们展开了讨论。

图2 跳舞的小男生

（二）讨论

师：小朋友们很喜欢表演，我们可以在哪儿进行表演呢？

幼：要有专门表演的地方，舞台上。

幼：安静的地方。

幼：有音乐的地方，可以跳舞，唱歌。

……

师：可以表演什么内容呢？

幼：唱歌，跳舞。

幼：我们可以讲故事。

幼：还可以介绍自己的玩具。

幼：可以背古诗。

……

（三）起名

师：这个活动的形式可以是多样化的，请小朋友们为它起一个好听的名字吧！

幼：小小表演者。

幼：我爱表演。

幼：挑战小主播。

……

经过幼儿们共同讨论、投票，我们活动的名字确定为"挑战小主播"。（如图3所示）这一活动与中班开展的"我来报食谱"活动相呼应，层层递进，由浅入深，进一步促进幼儿的语言发展。

图3　挑战小主播海报

三、活动过程：挑战开始

"挑战小主播"活动正式开始啦！

我们采取多形式、多主题的活动，循序渐进，发展幼儿的语言表达能力、人际交往能力，培养幼儿的自信心，为幼儿步入小学生活打好基础。

（一）小组展示

讲故事、介绍玩具、天气预报员、食物制作……形式应有尽有。（如图4所示）

图4　多形式、多主题的活动

（二）班级展示

随着幼儿们对活动的熟悉，我们从小组展示转变成了班级展示（如图5所示），让幼儿面对更多的观众，挑战自我。

图5　班级展示

（三）户外展示

生活乐趣无处不在，人生处处有舞台。游戏中幼儿们利用玩具搭建了一个独一无二的舞台（如图6所示），开始了他们的表演。

图6　幼儿们搭建的舞台

（四）线上展示

教师根据线上展示作了一首小诗，附幼儿线上表演图片。（如图7所示）

乌云遮不住初升的太阳，

疫情挡不住有爱的脚步，

距离隔不了家园的交流。

成长不间断，

居家也精彩，

线上表演开始啦！

图7　线上表演的幼儿

教师有话说

　　"幼小衔接"是幼儿园的重点工作,在幼小衔接的过程中,幼儿语言能力的发展起着非常重要的作用。语言表达能力是指幼儿运用一定的语言内容、形式陈述和交流个人观点的能力,是幼儿语言学习和发展的主要表现之一。

　　《幼儿园教育指导纲要》中明确指出:幼儿的语言学习需要相应的社会经验支持,应通过多种活动扩展幼儿的生活经验,丰富语言的内容,增强幼儿的理解和表达能力。语言教育作为幼小衔接的一部分,对幼儿的可持续发展和终身学习有重大意义,对幼儿能否实现从幼儿园到小学的顺利过渡有重要影响。

　　《3—6岁儿童学习与发展指南》中"语言"领域的目标是从培养倾听、语言表达、阅读理解这三个维度提高幼儿的语言表达能力。"我来报食谱"活动和"挑战小主播"活动为幼儿创设良好的语言环境,让幼儿想说、敢说、喜欢说、有机会说,在不断互动交流中获得语言运用能力的发展,帮助幼儿养成表达的习惯。

力笃学行

下篇

我们的城市

·搭建城市·

"城市"是幼儿生活的大环境，它影响着幼儿的感官，它的一砖一瓦、一景一物在幼儿的眼里都是富有生命力的。城市无时无刻不在和我们发生着联系，但是对于我们的城市，大班幼儿又真正了解多少呢？

大班教学活动的第二个主题"我家在德州"正在进行中，为了让幼儿进一步了解德州，同时体验德州政府的免费公交惠民政策（如图1所示），上周末我们通过家长群发起了"坐公交游德州"活动，家长和幼儿积极参与，并在群里进行了照片分享。

图1　体验德州政府的免费公交惠民政策

每一次的小任务、小活动必定会有惊喜，这次也不例外！

周一入园时，扬扬带着她跟妈妈一起完成的公交线路图来与其他小朋友分享她周末坐公交游德州的所见所闻。（如图2所示）

图2　扬扬与妈妈一起完成的公交线路图

看到扬扬带来的线路图，又听完扬扬的分享，其他幼儿瞬间燃起了对公交线路图的兴趣，围在一起开始研究起来。

第二天，在区角游戏时，逸逸先在建构区的设计图纸上设计了一条公交线路，其他幼儿非常感兴趣地围过来看，这时熙熙说："那我们按照这个设计图搭建一条公交线路吧！"这个提议瞬间得到了其他幼儿的支持。于是，建构区热火朝天地开工了。（如图3所示）

图3　"小小建筑师"记录表

有搭建路线的，有设计公交车的，还有安装红绿灯等基础设施的，小工程师们各司其职，在自己的"岗位"上孜孜不倦地工作着，忙得不亦乐乎。（如图4所示）

图4　小工程师们在工作

搭建基本完成，让我们去看一看幼儿眼中的大德州吧！

我们乘坐的38路公交车（如图5所示），路边的监控摄像头（如图6所示），路灯（如图7所示），长河公园（如图8所示），假山（如图9所示），岔河桥（如图10所示），红绿灯（如图11所示），九达天衢的大门（如图12所示），蔚来城（如图13所示），面粉加工厂（如图14所示）。

图5　搭建的38路公交车

图6　监控摄像头

图7　路灯

图8　长河公园

图9　假山

图10　岔河桥

图11　红绿灯

图12　九达天衢的大门

图13　蔚来城

图14　面粉加工厂

枫枫：可是你的面粉加工厂怎么没有围墙，这样坏人很容易进去把面粉偷走！

逸逸：那我再加个围墙就是了。

枫枫：可是你这个面粉厂有点小，可以再扩建一下。

逸逸：那不然我们一起来把它扩建一下吧！

枫枫欣然接受了邀请，加入面粉厂改造工程。他们会把面粉厂改造成什么样呢？敬请期待吧！

· 改造城市 ·

让我们来看看面粉加工厂改造后的样子吧！（如图15所示）

图15　改造后的面粉加工厂

逸逸：老师，我来给你们介绍一下我们的面粉加工厂。

师：好啊好啊，我可太想了解你们的面粉加工厂了！

逸逸：上面这个设施有三个功能，能把产生的废水排出去，还能把生产的面粉运出去，如果想要干净的水，打开底下的阀门就可以了，厉害吧！

师：这也太先进了吧！我们德州的工厂设施太先进了！

小工程师们对于我的夸奖十分满足。我们的城市在大家的齐心协力下搭建完成，一起来合影留念吧（如图16所示）！我爱我的家乡，它的名字叫德州。

图16　合影留念

教师有话说

　　分享的这个故事中最让我惊喜和感动的是幼儿进行游戏的状态。

　　他们沉浸于游戏中，此时此刻，这就是他们游戏的乐园，他们就是自己游戏里的小主人。

　　把游戏还给幼儿，我们应该做到：尊重幼儿游戏发展规律、给予幼儿解决问题的机会，放手等待，让幼儿享受游戏的自由；在与幼儿的同乐同忧中陪伴追随，让幼儿享受游戏的快乐；通过游戏中的层层挑战，适时引领推进，让幼儿享受游戏的精彩。

　　另外一个让我感动的点在于幼儿对于家乡的美好记忆：有宽阔的公路、美丽的公园、舒适的公交车、有秩序的交通、高高的楼房、先进的工厂等，这就是幼儿眼中的家乡。夸美纽斯说过：儿童认识世界、了解世界，应该从身边的乡土地理开始。希望通过我们德州这片历史悠久、文化灿烂、风景优美的乡土，将美好根植于幼儿们的心底，让他们更愿意去认识美丽的中国、美丽的世界。

　　另外，幼儿们的游戏是以生活经验为基础的，当他们在游戏中遇到问题时，通过更有经验的伙伴的帮助，独立解决问题，在这个过程中幼儿收获的除了知识经验的再丰富，还有珍贵的合作和友谊。乐交往、善合作、愿表达是社会性技能的重要组成部分，是我们实现社会化的必要途径。幼儿的合作交往是幼儿与周围人相互交流信息、交流情感的过程。通过开展幼小衔接合作交往能力培养系列活动，让幼儿学会表现自己，理解他人，友好沟通，互相合作，使每个幼儿的社会交往能力都得到提高，并促进其个性全面、和谐地发展，为幼儿将来更好地适应小学生活奠定基础。

　　最后，分享一句媛媛小朋友在收玩具时说的话："今天玩得真高兴啊！"老师希望你们每天都能这样快乐地学习和成长。

农家石磨坊

《幼儿园入学准备教育指导要点》指出：幼儿的入学准备要注重身心准备、生活准备、社会准备和学习准备四个方面的内容。其中，学习准备提到了幼儿"对大自然和身边的事物有广泛的兴趣，努力寻找答案"。这不，中二班的幼儿们就发现了一个"新物件"，开始了一段与大自然的亲密对话……

一、活动缘起

随着新学期的到来，小石磨（如图1所示）的出现引发了幼儿们的兴趣。面对这个可以手摇转动的"小家伙"，幼儿们都想动手摸一摸、转一转，并围着它开始了激烈的讨论。

图1　小石磨

（一）遇石磨

楣楣：这是什么东西啊？

妙妙：这个东西可以做什么呢？

鑫鑫：用这个把手可以转动耶。

淇淇：这个洞这里还可以放东西进去。

幼儿们的好奇心驱使着他们不断提出新的问题……

（二）探石磨

小小的一方磨引起了幼儿们的好奇，在热烈讨论中，这里成了幼儿们最爱的游戏区。石磨坊里每天都热闹非凡，有磨玉米的，有磨豆子的。这天，幼儿们有了新的想法：

鑫鑫：我们磨的东西能吃吗？

�楣楣：煮熟了就行啊。

贝贝：那太好了，我们能试试吗？

妙妙：我们可以做豆浆啊。

于是，一场磨制豆浆的旅程就此展开……

二、活动过程：小豆子的旅行

（一）准备工作

幼儿们通过收集资料确定了制作豆浆的流程，并从家带来了豆子，一起做磨豆浆的前期准备工作——清洗、泡豆。（如图2所示）在这期间我们又探索到一些有趣的现象……

问题：湿豆和干豆有什么区别呢？

图2　泡黄豆

（二）我们的发现

过了一晚上，幼儿们惊奇地发现泡水后的豆子变大啦。（如图3所示）他们将干豆和湿豆进行了对比，得出"干豆硬硬的捏不动，湿豆软软的一捏就碎"的结论。湿豆的皮怎么变得皱皱的了？原来呀，是豆子"喝饱水"把肚皮撑破了啊！

图3　石磨和吸水后的豆子

（三）开磨啦

幼儿们在石磨的出口处放好了盘子，然后往石磨里加入了较少的黄豆，磨了几次后，发现并没有豆浆出来，随即展开了调查："这是为什么呢？""难道是豆子太少了？"说着，幼儿们又添加了几勺豆子，继续磨制，可是效果并不明显。这可难坏了幼儿们，"难道这个坏了吗？""不会吧，我们平时磨干豆子的时候还好好的。""不然我们试试反方向转呢？"说干就干，幼儿们这次更用力了一些，"成功啦！"幼儿们的语气中透露着喜悦，大声喊着："哇！豆浆！"大家兴奋地跳了起来。几个人轮流磨制，终于收获了满满一盆的豆浆。（如图4、图5所示）

图4　磨豆浆的幼儿　　　　图5　豆浆

接下来，我们要把大的豆渣给过滤出来（如图6所示）。终于到了最后一步啦，把豆浆煮开！（如图7所示）

图6 过滤豆浆　　　　　图7 煮豆浆

忙碌了一上午，幼儿们喝到了自己纯手工制作的豆浆，成就感和自豪感无以复加。"哇！豆浆好甜！"此刻的幼儿们，幸福满满！

教师有话说

　　科学的幼小衔接课程关注的不应是教给幼儿哪些知识，而是幼儿应在哪些方面得到发展，教师如何为这些发展创造条件、提供机会。让幼儿成为学习的主人，让衔接课程以幼儿的发展需要为"本"，真正为幼儿的"学"服务。

　　黄河涯镇中心幼儿园坚持以幼儿为本，构建满足幼儿发展需要的、贴近生活的课程，促进每一位幼儿在原有水平上的发展。本次"石磨坊"活动重视幼儿的直接感知、亲身体验和实际操作，让幼儿回归生活，享受过程。当幼儿全身心沉浸在一件事中的时候，就开始有了属于自己的学习，在此过程中所形成的良好学习品质、学习习惯、观察能力、合作意识等为幼小平稳过渡打下了坚实的基础。

袖子保卫战

——小（5）班生活课程故事

十一假期过后，气温骤降，幼儿穿得越来越多，在每天的洗手环节过后，已经入园一个月的小班幼儿主动当起小值日生，互相检查对方的小手是否都洗干净了。这时总会听到有幼儿说："老师，他的袖子湿了！"袖子到底为什么会湿呢？怎样才能防止袖子湿呢？面对湿了的袖子，幼儿们也有这些懊恼和疑问。

《幼儿园入学准备教育指导要点》提到：入学准备教育是一个循序渐进的过程，幼儿园应从小班开始逐步培养幼儿健康的体魄、积极的态度和良好的习惯等身心基本素质。

我决定跟幼儿们一起解决"袖子湿"的难题，提高他们的自理能力，增强他们的自信心，于是我们的"袖子保卫战"开始了！

· 袖子湿了 ·

幼：老师，睿睿的袖子又湿了！

幼：老师，茹茹的也湿了！（如图1所示）

餐前洗手环节还没结束，就听到盥洗室里传来了这样的声音。

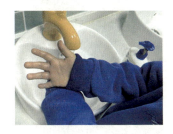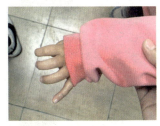

图1 幼儿的袖子湿了

师：还有哪些小朋友的袖子湿了？小朋友之间可以再互相看一看。

我的话音刚落，幼儿们就迫不及待开始去摸旁边幼儿的袖子了。帮助老师完成一些日常的检查任务，这可是宝贝们最喜欢做的事情。

果不其然，很快又有打湿的袖子被找了出来。于是，我决定今天的餐前谈话环节就来讨论"袖子湿了"这个话题。

问题一：袖子湿了是什么感觉？

幼：冰冰凉凉的。

幼：湿湿的，不太舒服。

幼：像被冰冻住一样，有点冷。

幼：像尿裤子里一样，不舒服。

问题二：袖子为什么会湿？

幼：因为没有卷袖子。

幼：他们玩水了，所以袖子湿了。

幼：洗完手没有及时擦干。

幼：袖子卷得不够高！

图2　洗手的幼儿

　　有的从自己袖子被打湿中找答案，有的在观察别人洗手时细心发现，幼儿们七嘴八舌寻找着袖子湿了的原因。（如图2所示）总结起来有三点：袖子（有没有卷或卷得高低）、水（水龙头的水量调节、玩水的情况）、洗手后（洗手后没及时擦干、洗完把手臂举起来）。

　　问题三：怎样防止袖子湿呢？

　　朔朔：那太简单了，把袖子卷起来就行啦！

　　于是，卷袖行动开始啦！

· 卷袖行动 ·

在得到"卷袖子就可以防止袖子湿"这个答案后，幼儿们开始尝试着自己卷袖子，有的拉袖子，有的往上推袖子，还有的在卷袖子，条条大路通罗马，只要能够把袖子成功卷到胳膊上就都是好办法。（如图3所示）

图3　卷袖子的幼儿

幼：老师，我不会卷袖子……

幼：我来帮你！（如图4所示）

对于卷袖子这件事来说，两个人合作确实要轻松很多。

图4　互相帮忙卷袖子的幼儿

卷袖成功，这样洗手就不会把袖子弄湿啦！

可是问题又来了……

幼：老师，我的袖子太滑了，卷上去就掉下来了！

幼：我的也是，卷上去又掉下来了……（如图5所示）

师：你的袖子太肥了！

图5　卷不上袖子的幼儿

幼儿在卷袖子的过程中发现：衣服太滑或者袖口太肥，袖子都容易掉落。由于袖子卷得不够高、不够结实也会导致洗手时把袖子打湿。

有没有好的办法可以让袖子卷上去不容易掉落呢？大家一起来想想办法吧。

卷袖方法一：

小予：老师，我会这样一层一层把袖子卷上去，就不容易掉啦！（如图6

所示）

细心的小予在尝试卷袖子的过程中发现了这个好办法。

图6　小予展示卷袖子

幼：那我也来试一试！

幼儿们纷纷按照小予的方法进行尝试。（如图7所示）

图7　学习卷袖子的幼儿

一层一层卷袖子，这可是个技术活，很多幼儿自己试了好多次都没有成功，于是合作又开始了。有了小伙伴的帮助，袖子卷得又快又整齐。（如图8所示）

图8 互相帮忙卷袖子的幼儿

卷袖方法二：

就在幼儿们热火朝天卷袖子的时候，柠檬又有了一个新发现："老师，我的袖子不用卷，因为袖口是紧的，直接撸上去也不会掉。"说完，她就撸起来让大家看。（如图9所示）

图9 撸起袖子的幼儿

　　幼儿们发现，如果袖口是紧的，那就轻松解决了卷袖子的问题，那能不能把我们的袖口变成紧的呢？

　　我鼓励幼儿在活动室里寻找可以把袖口变紧的材料进行尝试。幼儿们纷纷跑去找材料：有的幼儿在生活区找来了皮筋扎在袖口上，还有的幼儿在美工区找来毛根把袖口捆住。幼儿们用自己找到的材料进行了探索和尝试。（如图10所示）

图10　想办法把袖口变紧的幼儿

　　变紧的袖口真的有用，用力甩都不会掉落哦。（如图11所示）

图11 卷起袖子并展示的幼儿

就在老师和幼儿们认为已经把卷袖难题解决了的时候，新的问题又出现了……当肉肉的小胳膊遇到厚实又紧紧的衣服，卷袖子又成了难题。

在轩轩遇到这个"卷袖难"的问题后，小溪、小龙、源源、扬扬轮流上阵，试图帮他把这个问题解决，可是不管几个人怎么努力，轩轩的袖子还是牢牢地卡在了手腕处。（如图12所示）

图12 整理轩轩袖子的幼儿

于是，我提出了新的问题：有没有不用卷袖又不会把袖子打湿的办法呢？

·护袖行动·

我的问题一抛出，幼儿们就你一言我一语地讨论起来了。

幼：跟老师一样戴上手套就不会湿了。

幼：还有围裙，也可以保护衣服不被打湿。

幼：围裙只能保护衣服前面，没办法保护袖子。

幼：我妈妈洗菜时都戴上套袖，这样袖子就不会湿了。

（一）防水套袖大考验

套袖真的有保护袖子的作用吗？我们快来试试吧！（如图13所示）

图13　试验套袖的保护效果

哇，戴上套袖以后袖子真的不会被打湿了！

（二）防水套袖DIY

幼：老师，我们家的套袖是花的，可好看了，我们可不可以把幼儿园的套袖变漂亮呀？

师：当然可以，你们可以把套袖设计成自己喜欢的样子。（如图14所示）

图14　设计套袖的幼儿

戴上自己又防水又漂亮的套袖洗洗手吧！（如图15所示）

图15 戴套袖洗手的幼儿

教师有话说

从卷袖技能的学习到护袖神器——套袖的出现，幼儿一步步地去探究、发现。相信在这个过程中，他们不仅收获了卷袖、护袖的本领，更收获了热爱思考、乐于探索的品质。

老师从幼儿们袖子打湿后的真实感受出发，多感官探询他们内心最真实的想法，与幼儿"感同身受"，真正了解幼儿在袖子打湿后的需要，追随着幼儿的需要，课程故事就这样自然而然地生成了。

　　活动中幼儿源于生活经验的问题解决方式，让每一个环节都充满了童趣。人们常说"授之以鱼"不如"授之以渔"，我们要做的不是让幼儿机械学习如何在洗手前卷袖，而是要让他们在快乐的游戏情境中自然习得和获取，真正地成为生活中的"小达人"。

"骑"乐无穷

新的幼儿园，

新的户外场地，

新的秘境探索。

大二班的小朋友们，

新的体验、新的成长。

······

一、活动缘起

10月的一天，阳光明媚，幼儿们第一次来到四楼户外游戏区，抑制不住内心的激动和欣喜。他们左看看右看看，最终把目光率先锁定在了骑行区。在骑了一段时间车后，幼儿们遇到了很多的"麻烦"，如骑车太乱了，特别容易

图1　停车的幼儿

撞车；有的幼儿骑车太快了；有的幼儿把车子乱停乱放，挡着了其他人的路。（如图1所示）那怎么办呢？我们怎样才能痛快地骑小车呢？

二、活动过程：探索开始

（一）我们的讨论

"为什么会这么混乱呢？"围绕骑小车游戏中出现的问题，幼儿们展开了一场大讨论并将其绘制出来（如图2所示）。

图2　幼儿绘制骑车游戏出现的问题

宁宁：我发现了几个问题，第一个问题就是有的小朋友骑小车总是胡乱转弯、随便掉头；第二个问题就是路面上有一些障碍物，大家没有注意到，就很容易撞上而摔倒……（如图3所示）

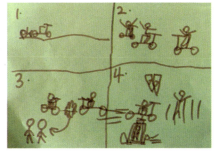

图3　幼儿介绍骑车游戏中出现的问题

124

岑岑：我觉得有的小朋友没有沿着标识线骑车，标识线上的箭头就是告诉我们方向的；有的小朋友看到"人行横道"上有人也不刹车，就很容易撞到人，所以很混乱。

瑶瑶：我看到有一些小朋友在小车的行车道上玩别的玩具，就很容易引起交通堵塞；骑小车的人应该排队，不能乱抢道，乱超车，这样很危险。

浩浩：有的小朋友骑得很快，有的小朋友骑得很慢，这样就容易扎堆挤在一起，谁也动不了。

芃芃：有的小朋友往那边骑，有的小朋友往这边骑，经常撞车，所以很乱。

然然：有的小朋友骑着骑着就突然停下来了，还横穿"马路"，太危险了。（如图4所示）

图4　幼儿分析骑车游戏出现问题的原因

霖霖：那怎么办呢？我们应该怎样玩骑小车游戏才更好呢？

辰辰：我们应该制定一个规则，就是"骑小车交通规则"。

于是，幼儿们开始思考并一起设计起"交通规则"来……

（二）骑车规则初设想

小组讨论过后，幼儿有了很多好点子，他们迫不及待地用画笔记录下来！（如图5所示）

图5　幼儿绘制骑行规则

齐齐：我觉得应该有这么几条规则，第一，路面上有坡时，骑车要注意，小心摔倒；第二，不能骑得太快；第三，应该有交警指挥交通；第四，我们应该在骑小车的路上设置红绿灯；第五，我们骑车时要在马路中间骑，不能冲出"马路"，以免撞在栏杆上。（如图6所示）

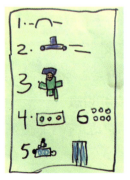

图6　介绍骑车规则的幼儿

政政：我们小组讨论的规则是，第一，要注意马路上的路况，注意行人，不能横冲直撞；第二，要按一定的方向骑行，不能动不动就掉头往回骑；第三，应该保持车距，不能距离太近，如果刹不住车，很容易撞上；第四，应该有交通协管员，负责疏导小车，不能太挤，也不能超速和压线……

大家分享了一些主要的交通规则。（如图7所示）

 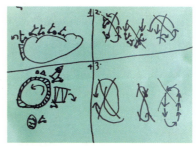

图7 主要的交通规则

于是，第一次"骑行试验"开始了……（如图8所示）

图8 第一次"骑行试验"

（三）骑行规则再调整

通过这次"骑行试验"，幼儿又发现了一些问题……

宇涵：交警应该站在哪里比较合适？

潇卿：红绿灯多长时间变换一次比较好？

若昕：对违反交通规则的人应该怎么处罚？

……

幼儿回到班里，再次对交通规则进行了"讨论和修订"。

最终，我们的"骑行规则"诞生啦！（如图9所示）

图9　"骑行规则"诞生

再次体验骑行游戏，幼儿们玩得非常高兴，也感觉非常棒！（如图10所示）

图10　再次体验骑行游戏

教师有话说

　　幼儿在游戏中的体验感很敏锐，他们发现问题、分析问题的主动性很高，尤其对规则的敏感性和自觉遵守的内驱力在明显增强……《幼儿园入学准备教育指导要点》中也指出：在日常生活和游戏中培养规则意识，引导幼儿与同伴讨论、制定规则并自觉遵守。这有利于幼儿入学后积极遵守小学班规、校规，从而赢得老师和同伴的认可，能够较快融入新集体。

而且幼儿们在骑行游戏中共同探讨解决问题的能力也非常了不起。他们可以自己分析"骑行混乱"的原因，也可以积极地商量出对策。在实际游戏中，他们也会随时根据体验来调整自己的游戏策略，比如"小交警"会依据观察到的骑行状况随时改变自己的站位，从而更好地指挥交通；对于违反交通规则，比如压线、超速、闯红灯的人，也会马上说出"扣分，罚款，扣车……"的处罚决定。老师也对幼儿积极遵守交通规则的行为进行了肯定、表彰，这无疑有利于培养幼儿诚实守信的良好品质。

看着幼儿们在蓝天下开心的游戏，我顿时觉得很幸福，很有成就感！

我可以自己叠被子

  幼儿上了大班以后，有了更强的自主意识和自主能力，他们渴望掌控自己的生活，也完全有能力进行自我管理，同时入学准备的目标中也有"自己的事情自己做，照管好自己一日生活"的要求。幼儿自己整理衣服、鞋子、小床铺，通过一日生活的自理练习，动手能力、自我服务能力和自我管理能力都得到提高。

  这一天午睡过后，幼儿正在自己叠被子，他们欣然地从事这项"工作"。但是大部分幼儿叠得还很慢，动作有些笨拙，被子也被叠得五花八门，很不整齐，于是，我感觉生活活动的契机来了！

  首先，幼儿们围绕"如何叠好被子"这个问题展开了思考和讨论，大家的想法很多，不如我们先用纸试一下吧！于是幼儿们在"模拟被子"上摸索了起来，不一会儿，各种各样的"被子卷"就呈现在眼前。（如图1所示）

图1　叠"被子"的幼儿

　　幼儿们的方法各异，我们来现场分享一下吧！每种方法都由一位幼儿代表上前来演示（如图2所示），而后其他幼儿进行讨论并发表意见，看看哪种方法最好，最便于我们整理床铺。最终，大家一齐选出了比较满意的方法。

图2　叠被子的幼儿

　　那怎样才能把被子叠得又快又好呢？又上来了两位幼儿，他们开始比赛叠被子（如图3所示）。这时幼儿们发现了问题，同样的方法，有的幼儿叠得慢，有的幼儿叠得快，有的幼儿叠得整齐，有的幼儿叠的被子则很凌乱，这是为什么呢？幼儿们又讨论起来，纷纷发表意见。（如图4所示）

图3　比赛叠被子的幼儿

图4　幼儿讨论并发表意见

幼：因为方法不对，然然叠的步骤太多了，所以就慢。

幼：因为她一开始就没把被子抻平，所以被子到最后就是皱巴巴的。

幼：因为她没有边对边，角对角，所以很不整齐。（如图5所示）

图5　幼儿讨论出现问题的原因

其次，教师和幼儿共同进行小结。"如何才能又快又好地叠被子"，我们选出的比较好的方法共分四步：第一步是把被子完全抻平，第二步是叠短边一次，第三步是把另一个短边叠上来，第四步是双手把被子来回压平几次，去掉褶皱，完成。

最后，我们请保育员老师来给大家做一个正确的示范（如图6所示），幼儿们比较直观、清晰地掌握了叠被子的步骤，并在日常午睡后进行练习逐渐熟练。

图6　保育员老师示范叠被子

幼儿将自己在整个活动中的思考感受和叠被子的步骤用绘画的形式记录了下来，这也是经验梳理、提升能力的重要一环。

后来，在每天午睡后的自主叠被子环节，教师都会观察、记录幼儿完成的情况：每天有几个幼儿独立完成（如图7所示），幼儿一般用几分钟完成，不能完成的幼儿是什么问题，每天是不是有更多的幼儿可以独立完成叠被子，幼儿的感受和反馈是什么……发现问题后，教师再次组织幼儿进行自主讨论、解决问题，这样班级幼儿叠被子的能力可以逐渐提高。

图7　独立完成叠被子任务的幼儿

教师有话说

　　一日生活管理在于对每天的生活细节的处理，"自己叠被子，收拾小床铺"，不仅是锻炼幼儿的动手能力、自我服务能力，更是在潜移默化中培养幼儿有条理、有秩序做事的好习惯，幼儿自己发现问题，讨论问题，解决问题，这个过程的体验是非常有意义的。同时，对于幼儿良好生活技能和生活习惯的培养，老师及时而重复的语言提醒非常关键，同伴相互的影响激励非常有效，每天的评价小结对于不断提高幼儿的操作技能和心理适应性是非常有必要的，每天自主料理生活的过程让幼儿收获满满的成就感！

家园联动，齐守公约

《幼儿园入学准备教育指导要点》中的"社会准备"提出：在日常生活和游戏中培养规则意识，引导幼儿与同伴讨论制定游戏、班级活动规则并自觉遵守。5—6岁的幼儿知道规则的意义并能够遵守集体活动的基本规则，做到举手提问、轮流发言、认真倾听等。良好的秩序是活动顺利开展的前提，班级公约的制定既是提高幼儿自我管理意识、增强自我服务的有效途径，也是养成良好生活习惯的必备前提，又可以为幼儿顺利进入小学，开启全新的小学生活提前做足心理准备。幼儿在班级公约的制定和实践中，激发了入学的内生动力，培养了社交和自我调控等入学所需的关键能力，减缓幼小衔接的坡度。这也是幼儿参与自我管理和遵守承诺的开始……

一、活动缘起

在区域活动开始没多久，甜甜小朋友对老师说："老师，有小朋友没有把画笔收起来，还到处乱扔，而且也不知道是谁的衣服被扔在了桌子上！"（如图1所示）于是，我们的课程活动就这样开始了。

图1 凌乱的桌子

本次活动以表格的形式呈现（见表1），包括交流与讨论—我们的班级公约、制定与展示—公约制定、实施与调整—公约执行、调查与访问—我的家规四个类型的活动，活动涉及集体活动、家园活动、小组活动等。

表1 活动表格

活动形式	名称
交流与讨论	我们的班级公约
制定与展示	公约制定
实施与调整	公约执行
调查与访问	我的家规

二、活动过程

（一）班级公约大讨论

1. 迁移生活经验

我们日常生活中有很多公约，你们知道哪些？

幼：在外面玩的时候要遵守交通规则，红灯停绿灯行。

幼：超市结账的时候要排队等待。

幼：不能摘花，要爱护花草树木，不随便扔垃圾。

幼：超市里的东西要轻拿轻放。

师：在生活中我们为什么要遵守这些公约呢？

幼：没有公约，大家就会乱丢垃圾，我们的环境就会变得很脏。

幼：如果没有公约，大家就都不会遵守规则，就会变得很乱。

师：公约可以让我们自我约束，形成良好的规则意识。

2.分组讨论班级公约

我们小朋友每天都要在班级生活、学习，在我们班级里应该遵守哪些规则？就这一问题我们再次展开了讨论。

幼：在教室里不乱跑，学会排队。

幼：不争抢玩具，学会分享。

幼：要讲文明懂礼貌，和老师、小朋友们打招呼。

幼：上下楼梯要安静、楼梯要一步一步走。

幼：吃饭的时候不能说话。

（二）制定—展示公约

如图2—图10所示。讨论过后，幼儿们决定每月更新公约。

图2　设计公约

图3　有秩序地排队喝水

图4　站队时要站好，不吵闹

图5　玩跳格子游戏要遵守规则

图6　看书、画画要保持安静

图7　不在教室追逐、打闹

图8　物归原位

图9 吃饭要快一点，不可以挑食　　　　图10 排队喝水

（三）实施—调整公约

在实施班级公约的过程中，大部分幼儿能够遵守自己制定的公约，比如，按时来园不迟到、物归原位、举手回答问题等。对于没有遵守约定的，我们也及时和幼儿进行了交流，弄清是幼儿自身的原因没有遵守，还是制定的公约存在问题需要调整。针对9月公约的内容我们再次交流讨论，做了细化整理，进而制定10月的班级公约并分享展示。（如图11、图12所示）

图11 交流讨论

图12　分享展示

快来看看宝贝们遵守公约的实际行动吧！（如图13—图20所示）

图13　整理橱柜　　　　　　　　　图14　叠好的衣服摆整齐

图15　自己叠被子　　　图16　小小值日生擦桌子　　　图17　收拾建构区的积木

图18 排队洗手

图19 排队喝水

图20 有序站队

（四）调查—我的家规

1. 与父母合作完成"我的家规"

《幼儿园教育指导纲要（试行）》中明确指出："幼儿园应与家庭、社区密切合作，与小学相互衔接，综合利用各种教育资源，共同为幼儿的发展创造良好的条件。"这就要求幼儿园加强与家长的互动和联系，促进幼儿教育合力最大化，为幼小衔接做好准备。因此，我们鼓励家长与幼儿共同完成"我的家规"的制定，查找并梳理相关资料，以幼儿理解的方式完成。

2. 家长感受

小溪妈妈：通过与孩子一起制定《家庭公约》（如图21所示），我认识到与孩子沟通及陪伴的重要性，要倾听家庭小成员的想法，让孩子参与其中，帮助孩子深刻地理解每条公约的意思，进而在家庭中更好地履行公约。在家庭中，做到爱与规矩并行，我为家人，家人为我，长幼有序，尊老爱幼，建立良好的家庭人际关系，提升各自的综合素养，与幼儿共同成长、进步。

图21　小溪家的《家庭公约》

菲菲妈妈：在老师的引导下，我们全家共同参与，制定了《家庭公约》（如图22所示）。关于公约内容，因前期菲菲已经参与过班级公约制定，对制定家庭公约很快进入状态，提出了不浪费食物、水、纸，不争吵等公约，菲菲哥哥提出了少玩电子产品，多沟通、勤锻炼等。经过一番讨论，我们共列出了十几条内容，我和菲菲爸爸又在文字上进行了总结提炼，然后读给孩子们听，最终确定了公约的内容。公约的图画都是由菲菲创作的，我帮助她涂了部分颜色、书写了内容，整个过程花了三个小时，在我们齐心协力下总算完成了。通过全家一起制定家庭公约，每个人都主动参与家庭生活，制定的公约是全家共同的约定，既能督促全家养成良好的行为习惯，又能让全家更相亲相爱。

图22　菲菲家的《家庭公约》

谦谦妈妈：随着孩子年龄增长，他们会越来越频繁地问出这样一个问题："为什么你们大人什么都可以做，我们小孩子却总是不能做这个、不能做那个呢？"孩子内心开始出现这种自主意识，开始审视这个世界的规则。正好这个月幼儿园有"家庭公约"的小活动，借此机会，我们家召开了第一次家庭会议，并且在会议上制定了我们的《家庭公约》（如图23所示）。公约不仅有对孩子的规定，也有对爸爸妈妈的约束规则。在公约制定过程中，我们家长和孩子一起商量讨论，对于公约内容达成了一致后，由家长书写内容，孩子画画装饰。孩子们很开心地完成了公约制定，在他们心中，这是一场平等的对话，他们自发地认真对待这份自己制定出的公约。相信在今后的日子里，他们会坚持守约，每日打卡。我们家长也会以身作则，培养孩子的守约意识和自律的好习惯，帮助他们更健康地成长。

图23　谦谦家的《家庭公约》

琪琪妈妈："家庭公约"活动让我感触良多，触动颇深。因为工作的特殊性，无法经常与孩子进行良好的沟通，也忽视了孩子的一些方面。通过这次活动，我更加了解孩子的内心，发现孩子的内心世界也是非常丰富多彩并且有些小敏感的，同时也加深了自己和孩子的感情。对于孩子来说，这次活动增强了他的动手能力、契约精神，以及责任感。作为家长，我一定会继续保持与孩子的友好沟通，为孩子创造良好的家庭环境。（如图24所示）

图24　琪琪家的《家庭公约》

三、活动未完待续

我们的《班级公约》还有留白，等着幼儿不断地充实、调整，教师也会努力让《班级公约》融入幼儿一日生活之中，让《班级公约》在幼儿的成长中发挥更大的作用，让幼儿真正成为管理自己的小主人！（如图25所示）

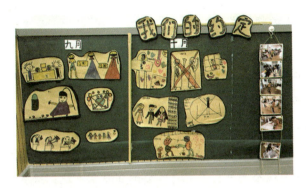

图25　续写《班级公约》

教师有话说

（一）幼儿的成长

通过"班级公约"和"我的家规"系列活动的开展，调动幼儿在后期执行时的积极性，增强幼儿自我管理的约束性。如日常排队时能有序地排列，进餐时除了自我约束还凸显了自主管理，游戏活动时的有序开展和同伴之间的相互帮助，等等。通过这样的形式，不仅能够提高幼儿的自我管理能力和规则意识，更能够让其从中懂得基本的社会行为规范。

（二）教师的成长

在活动中，教师注重角色的转变及幼儿的主体性参与，在讨论过程中，教师积极地提供话题、材料，解放幼儿的时间与空间，让幼儿在自主探索中提升能力。

（三）家长的成长

家园共育，使1+1的效果大于2，家长了解到幼儿除了在班级需遵守班级公约外，在家也需要遵守日常家规，所有的家庭成员会更有自主性和创造性。同时在家规制定过程中，家长进一步加强了与幼儿的沟通，了解到幼儿的想法；也从家长主体转换成为幼儿主体，让幼儿独立思考，相信幼儿，发展其潜力。

"迷宫"小学的诞生

新学期开始啦!

小可爱们伴着二月和煦的春风回到了他们阔别一个月的幼儿园。在开学前的家访中,不止一个家长跟我说:孩子天天念叨上幼儿园!听到这话,老师们心中别提有多骄傲!

不管是想念老师,还是想念幼儿园的玩具和好朋友,总之,幼儿园是幼儿心之所向的美丽乐园。当然,老师也不会让宝贝们失望,新学期的各种玩具、材料早就为小可爱们准备好啦!

基于上学期幼儿们对于吸管拼插积木的兴趣,这学期建构区投放了"升级版"吸管拼插积木,它多方位的连接口也为幼儿们的拼插造型提供了更多的可能。

师:宝贝们,这学期我们的第一个主题是"探秘小学",你们去过小学吗?

幼:我去过我姐姐的小学!

幼:我家门口就有一个小学,可是我没进去过……

师:没关系,今天我们建构区的主题就是"我心目中的小学",你们可以用我们的新积木设计并拼搭一个你最喜欢的小学。(如图1所示)

图1 "我心目中的小学"搭建活动

我的提议一出，幼儿们顿时来了兴趣，看来他们对自己的小学充满了憧憬。

小"建筑师"们分工明确，"工作"得非常认真。

幼：我们搭的是教学楼。

幼：啊，我们搭的这个也是教学楼！

幼：没事，小学可不止一栋教学楼，它们有高高低低好几个楼呢！我姐姐的学校就是这样。

两组幼儿本来以为搭建发生了冲突，一个幼儿的现身说法让他们形成了默契，教学楼工程这才得以继续进行。（如图2所示）

图2 继续完成教学楼工程

"我觉得小学里还有一个东方明珠塔，这样就可以看到整个城市了！"辰辰小朋友提出了一个想法，很快得到了其他幼儿的一致认可。（如图3所示）

图3 东方明珠塔

"这个新积木可真难插，我的手都快磨出泡来了！"几个女生一边"工作"一边抱怨着。（如图4所示）

图4 一边"工作"一边抱怨的女生

"我教你们一个好办法，只需要一个'锤子'就搞定啦！"旁边的臻臻给小伙伴们演示起他的好办法（如图5所示）。看到大家的认可，他的脸上满是得意。

图5　用"锤子"插新积木

"小学楼房都可高了，有四五层呢！"身高不够怎么办？椅子来凑。（如图6所示）

图6　身高不够，椅子来凑

我们的"小学"初见规模了！

"我怎么觉得它这么像一个迷宫呢！""哈哈，还真是，迷宫小学。""那太有趣啦，上学就跟走迷宫一样！""那我们能找到自己的教室吗？""我们可以把东方明珠塔放在迷宫的出口，只要能走出迷宫教学楼，就能登上最高的东方明珠塔！"幼儿们你一言我一语，我们大五班设计的小学和它的名字——迷宫小学就这样诞生啦！迷宫小学是一个充满了趣味和挑战的小学。（如图7所示）

图7 迷宫小学

欢迎大家参观我们的迷宫小学。

师：教学楼好高，我们的教室在第几层呢？

幼：那得进去找一找啦！路线有点复杂，能不能找到教室全靠自己喽！

幼：我顺利到达东方明珠塔啦！

我们的小学里瞬间热闹了起来！（如图8所示）

图8 热闹的小学

这就是我们心目中的小学，这样的学校你喜欢吗？

教师有话说

（一）关于游戏材料

首先说一下这套新的吸管拼插积木，对于幼儿来说操作起来的确有点困难，因为在拼插时既需要力气，更需要方法。可是幼儿们在遇到手疼、拼插不结实反复开等重重困难时并没有放弃，这让我看到了他们坚韧的品格；臻臻小朋友用自己想出的好办法帮助其他幼儿解决遇到的问题，这让我看到了他们乐于助人、善于向同伴学习的品格。

班杜拉的社会主义学习理论认为，观察学习是一种高效的学习方式，任何游戏中都需要榜样的作用，幼儿在互为榜样的过程中才能得到快速发展。

（二）关于游戏背景

接下来说一下主题背景下的这个游戏本身，因为疫情原因，我们暂时没有办法带幼儿去小学参观，也正是因为没有过多经验的束缚，反而使幼儿有更多自由探索的机会。在他们心中，小学像城堡，像迷宫，像他们在《哈利·波特》里看到的魔法学院，有很多的新鲜感，有很多的期待，同时也有数不尽的挑战。

但是也正是由于这种经验的缺失，导致幼儿对于小学的认识只停留在浅显的表面，教学楼、操场大概就是幼儿在围墙外看到的全部了。那么小学到底有什么不同呢？它的不同更多地表现在对幼儿的要求上，不再以游戏和能力发展为主，而是以正规课业和知识的学习为主。这就需要老师和家长在幼小衔接的过程中除了关注对幼儿情感的激发，还要帮助幼儿进行身心的调节，而这也是本学期我们幼小衔接工作的一项重要内容。

相信通过家园携手，共同努力，一定会帮助幼儿们完成幼小衔接这一重要阶段的过渡，开启他们人生中又一段美好的旅程。

"慧"整理，"悦"收纳

·"柜长"诞生记·

3—6岁是为幼儿后续学习和终身发展奠基的重要阶段，也是为幼儿做好入学准备的关键时期。《幼儿园入学准备教育指导要点》中的"生活准备"指出：引导幼儿学会分类整理和存放个人物品。……指导幼儿逐步学会分类整理和收纳衣物、图书、玩具、学习用品等。较强的生活自理能力有助于幼儿做好入学后学习和生活的自我管理和服务，增强独立性和自信心。在整理中，幼儿能够感知分类、归纳，并逐步建立良好的秩序感，为其适应小学生活奠定基础。

（一）活动缘起

升入大班后，随着玩具种类和数量的不断增多，幼儿们表现出了极其浓厚的探索兴趣，不断与玩具进行互动。

但是问题也随之而来：玩具柜上的玩具总是不翼而飞。虽然每次我们都有意识强调要爱护玩具，玩完玩具后应将玩具放回原位，但是，幼儿们似乎没有做到，这是为什么呢？我们应该找一找问题的关键。于是我们开展了一场关于"玩具为什么会消失"的大讨论……

（二）"刨根问底"大讨论

师：为什么会找不到玩具呢？

幼：因为玩具和其他玩具混装在一起了。

幼：因为昨天和今天的玩具位置不一样了。

师：为什么会出现这种情况呢？

幼：因为有小朋友乱放玩具，不会收玩具。

幼：因为有的小朋友记不住玩具的位置。

师：那我们应该怎么办呢？

幼：要收拾玩具、整理玩具。

师：怎样整理玩具呢？

幼：要把玩具放回玩具筐。

幼：相同的玩具放在一起。

幼：玩具筐也要放在原来的位置上。

师：如果有小朋友忘记了怎么办呢？

幼：可以找老师帮忙。

幼：也可以监督。

幼：对，像小值日生一样监督。（如图1所示）

图1　师幼讨论场景

（三）"柜长"的诞生

幼儿们在不断的讨论中发现，找不到玩具的原因主要有两个：一是不同种类的玩具混装在同一个玩具筐里面了；二是玩具筐的位置不固定，总是变来变去。

随着讨论的深入，幼儿们也找到了解决问题的方法：每个橱柜需要一个人来管理、负责。而且幼儿们还给负责人起了一个极其有意思的名字："柜长！"

1. 谁来当"柜长"

"柜长"的岗位可以说是备受关注，幼儿们都想抓住这个机会，争先恐后地表示自己想来管理橱柜。为了解决这个问题，我们决定以小组的形式进行讨论。（如图2所示）

图2　幼儿讨论选拔"柜长"的方法

很快，幼儿们讨论出了选拔"柜长"的方法：投票选举。

2. 我来当"柜长"

确定好选举方法，我们的"柜长"选举就正式开始啦！幼儿自愿参与选举。为了使同伴们清楚地了解自己想要管理的橱柜以及自己收纳整理的本领，幼儿用绘画的方式表达了自己的想法。（如图3—图5所示）

图3 幼儿认真绘制表达自己的想法

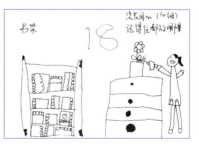

图4　幼儿作品

图5　"我的橱柜我做主"展示墙

3. 幼儿的童心画语

（1）我想管理木质积木柜，因为我的座位就在积木柜旁边。

（2）我想管理益智玩具柜，因为我喜欢帮助别人。

（3）我想管理书架，因为我做事情很认真，能够记住书摆放的位置。

（4）我想管理纸巾柜，因为我不浪费纸巾。

随后，幼儿一一向同伴讲述自己想管理的橱柜，以及自己的优势。最终，经过投票，我们每个橱柜的负责人诞生啦！（如图6所示）

图6 幼儿投票

·"柜长"上任记·

问题一：怎样才能让玩具始终保持完好无损，摆放得整齐有序呢？

每天都会有幼儿来取玩具、放玩具，怎样才能让玩具始终保持完好无损，摆放得整齐有序呢？在反复的观察和实践中，幼儿们想到了好办法：柜长要了解橱柜里面的玩具以及玩具摆放的位置，并制定相应的标识和注意事项。（如图7所示）

图7　认真工作的柜长

问题二：怎样知道谁是柜长？

柜长上任后，面对的第二个问题是：当幼儿收纳玩具出现问题，想要寻求柜长帮忙，但是有时会忘记柜长是谁。经过激烈的讨论，幼儿们想出来一个好办法，在各自负责的橱柜上写上名字或者画上头像，这样每个小朋友就都能知道谁是柜长了。（如图8所示）

图8 在各自负责的橱柜上写上名字或者画上头像

问题三：尽管有了标志，但是如果还有幼儿在收纳整理玩具的过程中出现问题，或者有不一样的想法怎么办？

当有幼儿不知道玩具该往哪里放的时候，那我们的"柜长"可以帮帮他，告诉他应该怎样收纳整理，这样所有的幼儿就都会整理玩具啦！如果对于玩具的摆放，其他幼儿有不一样的想法，"柜长"可以和大家一起讨论，重新调整玩具收纳的方法或者摆放的位置，这样我们班级的玩具再也不会无缘无故地"消失"了。

幼儿在整理玩具中学会了思考，经验越来越丰富，养成了良好的爱护玩具和收纳整理习惯（如图9所示）。这个良好的生活习惯也促进了幼儿做事的条理性，培养了幼儿的自我服务意识。

图9 收纳整理玩具的幼儿

·整理玩具引发的其他整理活动·

　　幼儿们从一日生活中的一件事情，引发了一系列的整理活动（如图10所示），在整理活动中，幼儿始终是活动的主体，积极参与并乐在其中，在活动中潜移默化地获得了知识和技能的同步发展。整理事小，习惯事大。幼儿在主动整理的过程中，不仅能够学会规划、整合、收纳、维持等技能，也能知道自己需要承担属于自己的义务。也许整理的故事才刚刚开始，不断期待，不断发现，我们一直在路上……

德州市
2022/03/17

图10 其他整理活动

教师有话说

在"'柜长'诞生记"环节中，我们惊喜地看到大班幼儿参与任务的意识，以及对自我能力的认知。

在"'柜长'上任记"环节中，幼儿整理能力的培养和发展需要一个循序渐进和持续优化的过程，所以教师要有充分的耐心，对幼儿的整个学习过程进行观察和恰当的启发，最终促使幼儿在思想以及行为方面均能够得到发展。

（一）发现问题，唤起幼儿整理的意识

观念引导行动。如果幼儿没有用完某东西后就必须要将它整理好放回原处的意识，就谈不上自觉有序整理。所以，教师要及时发现问题，唤醒幼儿整理的意识，使之产生有序整理的愿望。我们就是要创造这样的机会，让幼儿产生这样的"想"，产生进行有序整理的热情。

（二）大胆放手，促进整理习惯养成

培养幼儿生活自理能力，"体验"是最有效的方式。因此，教师要大胆放手，支持幼儿制定自己需要的规则，让幼儿尝试自我服务、自我管理，从而培养他们的生活掌控感，获取高质量、长时间的学习内驱力。

（三）家园沟通合作，共同培养整理能力

幼儿良好有序整理习惯的养成不是一蹴而就的，也不是单方面培养的，想要提升幼儿的整理能力，教师除了要发挥自身作用之外，还需要寻求家长的帮助与支持。增强家长对幼儿整理能力发展重要性的认识，鼓励家长做出表率，创造整洁的家庭环境，帮助家长掌握正确的家庭教育方法，给幼儿提供自主处理和自我整理的空间。

幼儿园到小学，是人生早期的一个重要转折，平稳过渡会对幼儿的长远发展产生积极影响。我们要坚持儿童本位的幼小衔接教育观，学会放手，让幼儿自我管理，不断体验"成就"和"成功"，以科学的幼小衔接方式，促进幼儿身心健康发展。

小小值日生，大大成就感

· 生活准备 ·

　　幼儿园的值日生工作是幼儿为集体服务的一种形式，是劳动教育的一个重要组成部分，在幼儿全面发展过程中具有重要意义。

　　为增强幼儿的责任心，提高幼儿自我服务以及为集体服务的意识，大三班结合幼小衔接开展了"小小值日生，大大成就感"系列活动……

　　《幼儿园入学准备教育指导要点》中的"生活准备"提出：引导幼儿承担适当的劳动任务。……鼓励幼儿自主确定任务分工并有计划地完成。坚持自己的事情自己做。参与劳动有助于培养幼儿良好的劳动习惯，提高幼儿的自理能力和动手能力，增强自信心，培养初步的责任感。（如图1所示）

　　在幼儿园里，经常能听见幼儿说："老师，我来吧！""我帮你！"……每个幼儿都渴望展示自己，为他人、为集体服务。

　　值日生工作是幼儿在园为集体服务的一种形式，可以有效地帮助幼儿树立自信，培养良好的劳动习惯、自理能力及责任感，也是幼小衔接生活准备的重要环节。

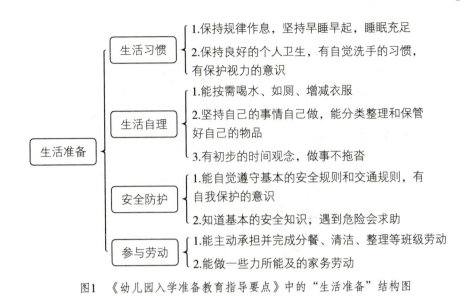

图1　《幼儿园入学准备教育指导要点》中的"生活准备"结构图

·值日生初讨论·

什么是值日生？值日生可以做些什么？我们一起听听幼儿们怎么说……

呜呜：可以帮老师擦桌子。

轩轩：当小值日生以后，可以帮忙整理玩具了。

钰钰：帮老师铺桌布。

虹宇：整理小椅子。

辰辰：整理美工区的绘画笔。

赫赫：可以帮老师抬床。

宁轩：可以收拾图书架上的图书。

子郡：扫地！

小川：帮老师浇花。

通过讨论，幼儿加深了对值日生的了解，明白值日生可以为集体做力所能及的事情，如擦桌子、整理物品、给植物浇水等。（如图2所示）

图2　值日生能做的事

明确了值日生的工作内容，那有什么办法可以让大家知道今天谁值日呢？

·值日生自选表·

在做小值日生之前，让我们一起动手，自由创作属于我们班的值日生自选表吧！（如图3所示）

图3　自由创作值日生自选表

经过幼儿的精心绘制，小值日生自选表出炉咯！（如图4所示）

图4　值日生自选表

快看，幼儿们已经迫不及待地开始讨论起自选表了。（如图5所示）

图5　讨论值日生自选表的幼儿

· 小岗位大职责 ·

（一）今天我值日

小小值日生开始行动啦，让我们一起看看他们的劳动瞬间吧！（如图6所示）

图6　小值日生

（二）清洁小能手

擦桌子、摆椅子、倒垃圾、放杯子……奏响劳动交响曲，释放满满正能量！（如图7所示）

图7　清洁小能手

·整理小达人·

愿整理，会整理，善整理，我是整理小达人。（如图8所示）

图8　整理小达人

· 全能小助手 ·

分发餐具、照顾植物……值日生是全能小助手！（如图9所示）

图9　全能小助手

做了值日生之后，幼儿们有什么感受呢？我们一起来听听看！

赫赫：可以帮爸爸妈妈擦桌子、扫地了。

鸣鸣：我觉得当了小值日生以后，我很开心。

涵涵：我觉得很自豪。

萱萱：我觉得很开心。

溪溪：可以帮爸爸妈妈收拾家务。

承妤：能做很多事情了，扫地、擦桌子、收拾玩具……

在值日生活动中，幼儿锻炼自己、照顾同伴、心系集体，获得了极大的成就感与自豪感。值日生活动的开展，让幼儿体验劳动的乐趣，体验实现自我价值的满足感，增强责任意识和自我服务能力。

·家园携手齐助力·

值日生活动使幼儿的责任感逐渐提升，大家在家中也做起了家务。（如图10所示）

图10 做家务的幼儿

幼儿体验着为大家服务的快乐，同时，也在不知不觉中为适应小学生活打好基础。

（一）我们的约定

（1）树立爱劳动的意识，激发幼儿积极参与值日生工作的兴趣。

（2）要养成不怕脏、不怕累的好习惯，让幼儿体会到能为大家服务是一件非常光荣和快乐的事情，体验在值日生工作中的成功感和自豪感。

（3）正确引导幼儿为集体服务，通过值日生工作，让幼儿懂得做事情要认真，一定要有始有终。

（二）家长需配合

在家中，家长也要有目的地引导，放手让幼儿参与劳动，并为幼儿提供劳动的机会，让其做一些力所能及的事情，如摆放碗筷、餐后整理餐桌、洗碗、扫地、扔垃圾等。家长也要以身作则，分工做好家务劳动。

教师有话说

　　生活自理能力是指人们在生活中自己照料自己的行为能力，也是人们基本的生活能力之一。对于幼儿来说，生活自理能力的培养尤为重要。它对幼儿的自信心、责任感、问题解决能力有着重要影响，有利于幼儿独立意识、独立性格、自理习惯的养成，能促进幼儿大肌肉群、小肌肉群和身体灵活性的发展，同时也是幼儿适应集体生活的必要准备。

　　研究表明，幼儿从幼儿园向小学过渡期间，遇到的最大困难不是学不会知识，而是不适应学校生活。因此，在幼小衔接中具备良好的生活自理能力，是一项重要的能力储备。培养自理能力不仅能增强幼儿的自信心，还可以激发他们的自我服务意识，让他们感受到成长的快乐！教育不单是为上学做准备，更是为未来的美好生活奠定基础。把幼儿的事情还给幼儿，帮助幼儿与世界握手。

　　"小小值日生"活动能培养幼儿的责任感和为他人、为集体服务的良好意识。愿幼儿的每一天都有着满满的正能量，也期待每个小小值日生都能在接下来的时光中收获更多的美好。

小三班宝贝穿衣那些事儿

一、活动缘起

陶行知先生指出："生活即教育，教育即生活。"良好的生活习惯是幼小衔接的重要部分，因此需要从小班开始培养。提高幼儿的生活自理能力，做好生活准备，不仅可以促进他们精细动作的发展和大脑发育，满足他们自我服务的需求，也让他们学会承担责任、服务社会。

2月6日，开学啦！好忙碌的一天呀。忙啥呢，忙着给幼儿穿衣服呢。漫长的寒假后，一张张带着可怜兮兮表情的小脸仿佛在告诉教师："老师，帮我脱一下衣服。""老师，我不会穿衣服。"……

接下来，我们就一起说说"小三班宝贝穿衣那些事儿"吧！（如图1所示）

图1　小三班宝贝穿衣

陈鹤琴说过："凡是儿童自己能做的，应当让他自己做。凡是儿童自己能够想的，应该让他自己想。"开学后这几天，幼儿有的把上衣穿反，有的把外套倒着穿，还有的在穿套头的衣服时将小脑袋裹在里面伸不出来，嘴里发出求救信号。为了进一步了解幼儿的穿衣能力，我们进行了一次关于幼儿穿衣情况的小调查。（如图2所示）

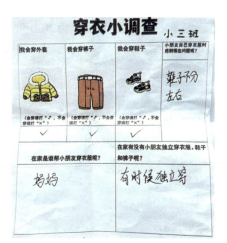
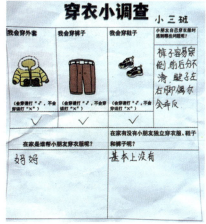

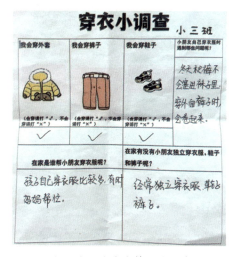

图2　小三班穿衣情况小调查

二、活动难点

幼儿的困难：难以分辨衣服的前后、里外，在家缺乏动手实践的机会。

教师的思考：《3—6岁儿童学习与发展指南》中指出：幼儿应具有基本的生活自理能力，其中3~4岁幼儿可以做到在帮助下能穿脱衣服或鞋袜。（如图3所示）然而家长过多的包办代替，剥夺了幼儿自主动手的权利和机会，导致幼儿生活技能的缺乏，从而影响其自理能力、独立性、问题解决能力及自信心等方面的发展。因此，我们决定以培养幼儿独立穿衣为起点，帮助幼儿逐步提升自理能力。

图3 目标2：具有基本的生活自理能力

对于小班的幼儿来说，想要成为生活的主人，需要具备基本的生活自理能力，学会服务自己，而学会穿衣服是照顾自己的第一步，于是小三班萌娃们的穿衣之旅开始啦！

三、活动过程

（一）衣服里的小秘密

每个幼儿的衣服都是不一样的，这不，小三班的幼儿们围绕着"如何区分衣服的前后、里外"交流了起来……

幼：我的衣服上有个小笑脸，妈妈说这是衣服的前面。

幼：我的衣服前面有一个小女孩，衣服后面没有。

幼：有拉链的是衣服前面。

幼：有扣子的一面是我衣服的前面。

幼：我的衣服前面有口袋，后面有帽子。（如图4所示）

图4 交流区分衣服前后方法的幼儿

幼儿的发现：衣服里藏着好多小奥秘，在穿衣服之前只要仔细观察，就能知道衣服的上下、前后和里外了。

教师的思考：幼儿的生活经验源于一日生活的点滴积累，贯穿于一日生活的各个环节。幼儿们针对在实践中遇到的种种问题展开了讨论与探究，并求助老师"如何区分衣服的正反"。借此我们开展了关于区分衣服正反的活动。幼儿们都非常感兴趣，并大胆踊跃地尝试自己区分衣服的正反面。通过教师与幼儿之间的互动，也提升了幼儿自身解决问题的能力。

（二）衣服好看我来穿

问题：你有什么穿衣服的好方法？

幼：把帽子顶在头上，找到袖子的"洞洞"，就能把手穿过去了。（如图5所示）

图5　先戴帽子穿衣法

幼：先把一只胳膊伸进衣服的袖子中，然后再抓住领子，穿另外一只袖子。（如图6所示）

图6　先穿一只袖子穿衣法

幼：把衣服翻个跟头就能穿上啦。

这真是一个新的穿衣方法，一个幼儿示范后，其他宝贝也跟着学起来。
（如图7所示）

图7 翻跟头穿衣法

教师的思考：我们在鼓励幼儿尝试用更多不同方法穿衣服的同时，也鼓励幼儿寻找适合自己的方法，尊重幼儿对穿衣方式的选择，让幼儿在相互学习的过程中找到最适合自己的穿衣方法，能更快、更好地把衣服穿正、穿好。

（三）穿衣小插曲

一天午睡起床，策策穿好衣服来到我身边："老师，我衣服上的图案不见了。"原来策策穿衣服时里外穿反了。针对策策穿反衣服的问题，我们采用组织幼儿讨论研究的方式，请幼儿说说为什么会穿反以及有什么好办法可以解决。

师：为什么策策小朋友会把衣服穿反呢？

幼：他没有把衣服翻过来再穿。

幼：他脱衣服的时候把衣服脱反了。

幼：他可能不会翻袖子。

师：你们是怎么脱衣服和穿衣服的呢？有什么好办法可以分享给容易穿错的小朋友吗？

幼：衣服脱反了，就要再把它翻过来。就是把手伸进去，捏住，拉出来就行了。（如图8所示）

图8 翻衣服

幼：在脱衣服的时候不要脱反了。

师：那怎么才能不把衣服脱反呢？

幼：一只手拽着袖子，另外一只手从里面钻出来，然后再抓另外一只袖子，另外一只手也出来啦，最后头再钻出来。

幼：脱不下来可以找老师和小朋友帮忙。（如图9所示）

图9　脱衣服不脱反

　　经过一番讨论，幼儿们互相交流，探讨解决办法，分享自己的穿衣、脱衣经验，教师作为观察者、引导者，退居在幼儿后面，及时抛出新问题，助力幼儿思考。在日常生活中，我们发现幼儿将习得的经验进行了实践。

图10　幼儿们互相帮助

看到宝贝们能够互帮互助（如图10所示），体会到被他人帮助的融融暖意，我们感受到教育是一件非常幸福的事情。希望以这次活动为契机，营造乐于帮助别人、快乐自己的良好氛围，培养幼儿互帮互助的美德。

教师的思考：幼儿在发现同伴的穿衣方式与自己不同后，激发了探索不同穿衣方式的欲望。当有幼儿在穿衣服遇到困难时，其他幼儿集思广益，一起想办法，这种以解决生活问题为导向的活动更能激发幼儿的探究欲望。活动来源于幼儿的真实生活，同时通过教育活动获取的经验和探究结果也服务于幼儿生活。幼儿从一开始需要老师的帮助进行穿脱衣服到自己独立完成穿脱衣服，验证了其有巨大的学习潜能。而成人要相信幼儿的能力，给幼儿足够的空间，对幼儿的行为要积极地表扬与鼓励，激励他们主动学习各种技能，相信我们的孩子会越来越棒！

（四）小衣服叠一叠

学会穿衣服后，幼儿们又发现了新问题——脱下来的衣服皱皱的、起床后找不到自己的衣服了……于是，老师带领幼儿伴随着儿歌开始练习叠衣服。（如图11所示）

叠衣服

关上一扇门，

再关一扇门。

两只小手抱一抱，

点点头，弯弯腰。

衣服衣服叠好啦！

图11 叠衣服的幼儿

　　在接下来的区角活动中，幼儿运用已有的经验不断观察、尝试给娃娃穿衣服、叠衣服、设计新衣服，对游戏始终保持浓厚的兴趣。

（五）给小宝宝穿衣服

　　幼儿给自己心爱的布娃娃穿衣服。（如图12所示）

图12 给布娃娃穿衣服的幼儿

（六）小小设计师

幼儿设计服装并展示。（如图13所示）

图13　幼儿设计服装并展示

教师的思考：幼儿自理能力的培养要融入幼儿的一日生活、游戏中。在活动中，幼儿不仅能通过帮娃娃穿衣服锻炼自己的动手能力，还能通过对不同材料的处理发展动手能力和想象力。我们将区角活动和日常生活相结合，充分利用生活和游戏的教育机会，助力在原有的经验上获得发展，越来越多的幼儿愿意尝试自主穿衣，学会整理。

（七）穿衣服、叠衣服比赛

为了鼓励幼儿自己穿衣服的积极性，增强幼儿的生活自理能力、树立自信心，我们开展了一次"穿衣、叠衣大比拼"活动！（如图14所示）瞧，幼儿们听到哨响后多认真、多仔细呀！

图14 穿衣、叠衣大比拼

（八）家园共育促成长

生活技能不是一朝一夕就能掌握的。我们和家长联手合作，鼓励幼儿在家也自己穿衣服、叠衣服（如图15所示）。幼儿既巩固了穿衣、叠衣的技巧，增强了生活自理能力，又培养了自己的事情自己做的良好品质。

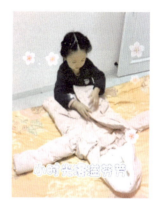

图15　幼儿在家叠衣服

教师有话说

小衣服，大学问，整个活动内容都是来自幼儿的生活。在活动过程中，以幼儿为主体，教师提供多样化的机会让幼儿表达自己的想法，最大化地发挥幼儿的主观能动性，有学习、认知的环节，也有分享、交流的内容，幼儿的生活经验都得到了发展。越来越多的幼儿愿意尝试自主穿衣，学会整理，体会到成功的喜悦，同时也增强了自信心。我们也看到了幼儿从"依赖"到"独立"的成长。

当然，幼儿在此次活动中还发现了很多问题，例如：衣服拉链怎么拉？怎样才能正确地扣好扣子？关于衣服的探索之旅未完待续，让我们共同期待接下来的精彩故事吧！

悠悠童年梦 浓浓家乡情

《幼儿园入学准备教育指导要点》提出：激发爱家乡、爱祖国的情感。以生动有趣的形式开展爱家乡、爱祖国的教育，如参观博物馆、科技馆等当地文化场馆，帮助幼儿感受与体验家乡和祖国的发展变化；鼓励幼儿结合节假日外出旅行等经历，分享自己家乡的优美风景、风物人情、特色美食等。

·生活在德州·

随着生活化主题课程的进展，我们迎来了"生活在德州"这一主题。

家乡，是生命的摇篮；

家乡，是快乐的童年；

家乡，记载着每个人的人生轨迹。

每个人对自己的家乡都有一份难舍的情怀。那么，在幼儿眼中，家乡是什么呢？让我们跟随他们的脚步，共赴一场"生活在德州"的探索之旅。

·德州初印象：我眼中的德州·

从呱呱坠地开始，幼儿便生活在德州这片土地上，他们见过太阳初升时秀美的新湖公园，也亲临过夜幕下繁华的中心广场，曾在天桥上俯瞰城市的车水马龙，也曾在锦绣川湖畔感受自然的气息，这里的一花一草、一树一木，对幼儿来说并不陌生。

那么，在你眼中德州到底是什么样子的呢？

（一）德州好玩的地方

幼：有澳德乐，里面有游乐场，很好玩。

幼：万达里面也有游乐场，奥莱广场里面还有神兽乐园，那是室外游乐场。

（二）德州公园

幼：妈妈带我去过长河公园，里面有健身器材。

幼：德州的楼很多，有人民医院的大楼，还有德州百货大楼，我还去里面买过东西……

幼：德州还有中心广场，那儿可大了，还有天桥。

幼儿们用画笔将他们眼中的德州描绘出来。（如图1所示）

图1　德州公园绘画作品

·德州千百问：关于德州，我想知道·

我们的家乡是德州，这里有很多楼房、很多公园、很多商场、很多医院……关于我们的家乡，你还想了解什么呢？

为什么德州有旧房子，有新房子，以前的德州是什么样子的？

武城、宁津、夏津也属于德州吗？

德州的特产除了扒鸡还有什么呢？

·实地探访：答疑解惑·

古人云：读万卷书不如行万里路。就让我们利用周末的好时光，带着心中的疑问，和爸爸妈妈一起实地探访德州吧！或许，我们能找到问题的答案（如图2～图4所示）

图2　打卡董子文化园，探访德州名人

图3　打卡德州交通枢纽

图4　打卡博物馆，寻觅历史足迹

探寻而去，满载而归，幼儿迫不及待地与同伴分享自己的所见所闻。（如图5所示）

图5　分享自己的所见所闻的幼儿

（一）城市变形记

通过寻找老照片，幼儿们发现，我们的城市正跟随时代的脚步，不断发展，从老旧的平房到高耸的建筑，从弯曲的小路到四通八达的柏油路，我们的城市在不断地蜕变中获得新生。

（二）德州同乡

爸爸妈妈说，他们小时候曾跟随爷爷奶奶在德州的武城、平原、宁津等地生活，那里被他们称为"老家"，在"老家"，住着许多与我们血脉相连的亲人。我们可以称呼和自己来自同一个地区的人为"老乡"。

那么，我的老家是哪里呢？我和谁是老乡呢？

让我们一起来探寻吧！（如图6所示）

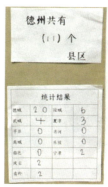

图6　我同乡

原来，我们德州有11个县区，我们的老乡还真不少呢！

（三）德州特产

除了享誉四方的德州扒鸡，我们德州还有大柳面、小枣等美食。（如图7所示）

图7　介绍德州美食的幼儿

除了美食，我们德州还有很多特产呢！如德州黑陶。（如图8所示）我们德州还有很多名人，如被称为"忠义书家"的颜真卿。（如图9所示）

图8　德州黑陶　　　　图9　颜真卿的书法

·奇思妙想：德州的建筑·

随着主题课程的推进，幼儿们对德州的建筑产生了兴趣，有很多幼儿开始尝试搭建德州的建筑。

（一）搭建德州建筑

于是，搭建德州建筑的活动"应运而生"。幼儿们自由组建小组，进行讨论，制订计划，完成搭建。（如图10—图11所示）

图10 小组讨论设计

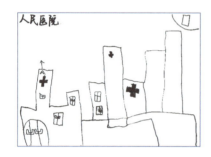
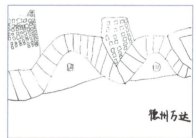

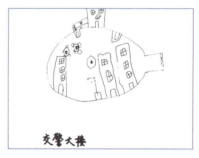

图11 搭建图纸

1. 人民医院

人民医院是什么样子的呢？——有很多楼，还有停车场、大门、围墙。

为什么医院里会有很多楼？——因为有看病的地方、有睡觉的地方、有吃饭的地方、有做手术的地方、有拿药的地方。

用什么搭建呢？——我们班里的木质积木、户外炭烧积木。（如图12所示）

图12　搭建人民医院及相关建筑

2. 德州万达

万达是什么样子的呢？——万达的大门是斜着的。万达的灯光很漂亮。

用什么来搭建呢？——雪花片和磁力片吧！（如图13所示）

大门

德州万达

图13　搭建德州万达及相关建筑

小玩具，大建筑，对幼儿来说，真是很大的挑战呢。

3. 德州交警大楼

为什么选择交警大楼呢？——因为很酷，我爸爸在里面上班；交警大楼里面有停车场、办公楼、食堂、大门。

用什么材料呢？——户外炭烧积木。

教师的思考：在"自由分组—合作规划—设计图纸—分工合作—整体搭建"中，幼儿不断整合自己已有的经验并生成新的经验，不断提升自我。游戏中解决问题的过程就是幼儿不断思考、自然习得的过程，也是幼儿智慧学习、深度学习的体现。同时，在合作的过程中，幼儿扩大了交往的范围，丰富了分工合作的经验，认真倾听同伴的想法和建议，尝试用协商、交换、轮流、合作等方法解决问题，与人沟通和合作的能力也得到了进一步的提升。

（二）纸上德州

关于德州的建筑，只能搭建吗？当然不是……幼儿的创意远不止于此。

幼：我想让画的建筑立起来。

幼：怎样立起来呢？

幼：在后面放点硬硬的东西。

幼：用硬一点的纸不是更好？

幼：哪里有硬一点的纸呢？

幼：纸盒，对，牙膏盒。

幼：可是牙膏盒外面有很多图案，怎么画呢？

幼：纸盒里面好像是白色的，拆开看看不就知道了。

　　果然，纸盒里面是白色的，我们可以将它拆开，然后在上面画建筑。

　　师：但是，我们也会遇到新问题，纸盒拆开了，怎样才能让作品立起来呢？

　　幼：我们可以重新折，然后再粘起来。

（如图14、图15所示）

图14　幼儿绘制的建筑

图15　纸上德州

教师的思考：在主题活动的推进中，幼儿不再满足于纸上的平面建筑，开始尝试立体建筑。在"寻找合适材料—找到材料—立体建筑成型"实践中，幼儿们经历了"发现问题—尝试解决问题—最终解决问题"的过程，不仅独立解决了问题，还收获了满满的自信与成就感。而我们也坚信，这些内发的自信与成就感将不断促进幼儿进步与成长。

·我爱德州：我为家乡代言·

随着主题课程逐渐进入尾声，幼儿不仅从广度上了解了德州的行政区域，更从深度上了解了德州的人文、历史、风景、文化，等等。

德州不再是一个模糊的名字，而是一个深刻而又清晰的认知，也是一个有情感、有温度的存在。

那么，小小的我，可以为家乡做哪些事情呢？

图16　"小小的我"为家乡做的事

幼儿画出的每笔都是对家乡的热爱，热爱家乡、守护家乡，就从"小小的我"开始吧！（如图16所示）

教师有话说

《幼儿园教育指导纲要（试行）》指出：幼儿园应"充分利用社会资源，引导幼儿实际感受祖国文化的丰富与优秀，感受家乡的变化和发展，激发幼儿爱家乡、爱祖国的情感"，"充分利用自然环境和社区的教育资源，扩展幼儿学习和生活的空间"，并"能用适当的方式表达、交流探索的过程和结果"。

在生活化主题活动中，幼儿直接感知、实际操作、亲身体验，收获满满。他们深入了解家乡，探寻家乡背后的故事，感受家乡独有的文化，对家乡的归属感、自豪感也油然而生。热爱家乡的情感在幼儿心中生根发芽。

热爱家乡，从我开始，从现在开始。